Über dieses Buch 1928 erschien als anonymer Privatdruck: ›Ladies' Almanach – verfaßt und illustriert von einer Lady of Fashion‹ und machte in der Pariser Bohème Furore. Es sprach sich schnell herum, daß Djuna Barnes die Autorin war und welche Ladies sie in ihrem Almanach persiflierte: den legendären Kreis um die amerikanische Millionärin Natalie Clifford Barney. Jeden Freitagnachmittag traf bei dieser die Creme der französischen Künstler und Schriftsteller mit adligen, intellektuellen, exzentrischen Ladies zusammen, sich literarisch auszutauschen und homosexuell Gleichgesinnte kennenzulernen.

Als Dame Evangeline Musset zur Heiligen und Päpstin von Lesbos stilisiert, ist Natalie Barney Hauptfigur in Djuna Barnes Almanach, neben anderen Damen, die trotz witzig-verschlüsselter Namen für die Eingeweihten ebenso leicht erkennbar waren. Der Almanach ist jedoch nicht nur ein satirisches Porträt von Lady Barney und ihrem Kreis, sondern auch eine Danksagung an eine wichtige Freundin, die Djuna Barnes in den 20er Jahren sehr unterstützt und gefördert hat.

›Ladies' Almanach‹ präsentiert in altertümelndem Stil (mit Zeichnungen in der Manier von Holzschnitten bzw. Kupferstichen) eine Art Heiligenlegende, in der die sinnenfrohe Dame Evangeline zuletzt heiliggesprochen wird.

Erzähltexte, Gedichte, Illustrationen sind in den 12 Monatskapiteln dieses kalendarisch aufbereiteten Buches gemischt, das alles in allem ein Nachdenken über Weiblichkeit ist, mit den verschiedensten literarischen Mitteln und Formen.

Die Autorin Djuna Barnes, die 1892 in Cornwall-on-Hudson im Staat New York geboren wurde, war eine Pendlerin zwischen der Alten und der Neuen Welt. Von 1920 an lebte sie in Paris, mit längeren Zwischenaufenthalten in New York, Berlin, Wien, Devonshire, London, und kehrte 1940 endgültig nach New York zurück. Djuna Barnes, die sich selbst die »berühmteste Unbekannte ihrer Zeit« nannte, war befreundet mit Pound, Eliot, Gertrude Stein und war eine der beherrschenden Figuren der Bohème-Zirkel ihrer Zeit. Als ihr Hauptwerk gilt der Roman ›Nachtgewächs‹.
Djuna Barnes starb 1982 in New York.

Nur war Dame Musset als Wunderwirkerin vielleicht am allerbesten, wenn sie, mit Stange und Muff ausgerüstet und mit einem reizenden Schal prunkend, auf jenes unmäßig dünne Eis hinaustrat, auf das schwache Frauen hinauszurufen es Gott mehr und mehr gefallen hat, und durch ihr Verhalten dafür sorgte, daß keine dem Verdruß ausgesetzt wurde, zum dritten Male unterzugehen!

Djuna Barnes

LADIES' ALMANACH

Über ihre Sternzeichen und deren Wende; ihre Monde und Mondwechsel; die Jahreszeiten und was es mit ihnen auf sich hat; ihre Eklipsen und Äquinoktien; sowie ein vollständiger Bericht über tägliche und nächtliche Verwirrungen
Verfaßt und illustriert von einer
LADY OF FASHION

Fischer Taschenbuch Verlag

Aus dem Amerikanischen von
Karin Kersten
Mit einem Nachwort von
Brigitte Siebrasse

Ungekürzte Ausgabe
Veröffentlicht im Fischer Taschenbuch Verlag GmbH,
Frankfurt am Main, Februar 1990

Lizenzausgabe mit freundlicher Genehmigung
des Verlags Klaus Wagenbach, Berlin
Das amerikanische Original erschien unter dem Titel
›Ladies' Almanack‹ als anonymer Privatdruck 1928 in Paris.
Eine zweite Ausgabe erschien unter dem Namen der Autorin
1972 bei Harper & Row Publishers in New York,
mit einem Vorwort der Autorin.

Umschlaggestaltung: Buchholz/Hinsch/Hensinger
Abbildung: Tamara Kuffner, ›Portrait de la duchesse de la Salle‹.

Druck und Bindung: Clausen & Bosse, Leck
Printed in Germany
ISBN 3-596-10337-1

Vorwort

Diese milde satirische Kopfwäsche, dieser ›Ladies' Almanach‹, anonym geschrieben (in einer Mußestunde), ängstlich interpunktiert und (in den Zwanziger Jahren) privat von Darantière in Dijon gedruckt; illustriert, nicht ohne Anleihen bei alten Volksbüchern, Flugschriften und *Images Populaires;* koloriert stellenweise vom losen Vogel der Uferböschung und der *gamine* des *quai*; verhökert in *faubourg* und Tempel und, für einen Penny, verkauft an solche Menschen, die de Gaulle als die »Faulen und Schrecklichen« am Herzen lagen – diese Chronik wird nunmehr dem Facettenauge des Publikums vorgelegt.

Nippflut zur Proustschen Chronik, Nachlese von den Gestaden Mytilenes, flüchtiger Augenschein ihrer Novizinnen, ihrer aufsteigenden »Heiligen« und »Priesterinnen«, die es in der Folgezeit zu solcher Könnerschaft und Sorglosigkeit brachten, daß sie darangingen, jenes »andere« des Geheimnisses, jene Anomalie, die den verborgenen Namen aufruft, zu verspielen und einzutauschen. Jenes »andere«, das, gekränkt, seinen Schatten ißt.

Vielleicht empfiehlt es sich, dem schäumenden Becher so langsam die Ehre anzutun, daß man es sich auch leisten kann.

DJUNA BARNES
August 1972

LADIES
ALMANACK

THE COOK HER RECIPES
THE PRIEST HIS BREVIARY
DOCTOR
PHYSIC
THE LI
ROAR
LADIES ALMANACK
THE BRIDE HER FEARS
THE BOOK ALL LADIES SHOULD CARRY

LADIES ALMANACH

Dies ist also die Geschichte von einem Mägdlein, so fein wie nur je eins das Bett genäßt, welches Evangeline Musset geheißen und innerlich ein einzig großes Rotes Kreuz war, das für die Verfolgung, Erleichterung und Zerstreuung solcher Mädchen glühte, die an ihren hintern oder auch vordern, oder welche Partien sonst ihnen gar arg zu schaffen machen, grausam zu leiden haben, sei's nun es juckt sie in der Hand, seien da gräßlich brennende Bezirke, was häufig vorkommt in der Frühjahrszeit, oder wenn sie auf behaglich warmem Stoffe niedersitzen, mag sein auf Pelz, mag sein auf dicken Brücken, orientalischen (die schon vom Muster her, so scheint es, Hüftbezirk und Hinterviertel ein solches Sehnen anbefehlen, daß es ganz unerträglich ist), oder wenn sie, wieder anders, auf warmen Öfen sitzen, wovon man weiß, daß eines aufflog mit einem »Oh du mein Gott! Was ist das für ein Mädchen bloß für eine Welt, und sei es noch so sittig und seelenruhig und frei von Absicht – treiben es die Triebe ja doch zum Kreischen arg, und immer ärger, bis daß es schließlich, aufgelöst, mal hierhin und mal dahin rennt nach einer Simpelsalbe, um seine Pein zu stillen! Und woher kommt das nur, daß nie ein Philosoph, aus welchem Holz auch immer, inmittst des hübschen Grünzeugs seines Gartens einmal ein Kraut entdeckt hat, das jenem Teil Genüge tut, so daß vielmehr von dem Tag an, da wir gleichgültige Materie, bis hin zu diesem, da wir uns als majestätische Persönlichkeiten des göttlich menschlichen Geschlechts erweisen, ihm nichts so tröstlich ist wie andere imselben Maß entflammte Teile oder der Trost, wie jede Frau ihn in den Fingerspitzen oder gerade dort hat, wo die Zunge fertig ist?«

Zu dem Behuf nun ward Evangeline Musset geschaffen, Dame aus vornehmem Geschlecht, die, in den frühen Achtzigern, sich vom Familientandem losgesagt, woran die Mutter und der Vater ein ziemliches Vergnügen hatten, zugunsten der verqueren Freude am Schwuppsrittlings, wie jeglicher Freisasse sie empfindet, wenn er sich aufmacht, seine Ernte einzuheimsen, und die von soviel Rütteltrab und Galoppieren Stund um Stund an Fraulichkeit verlor, »wenn mir auch niemals«, sagte sie, »das griechische Mysterium in den Sinn kam, das als das blitzesschnelle Aus-den-Hoden-Fahren nebst sämtlichen Begleitumständen bekannt geworden ist!« Was angeblich einer geradezu schon byzantinisch frechen Range der trojanischen Periode mehr zu ihrer Überraschung als zu ihrer Freude widerfuhr. Doch bleibt es ein begrüßenswerter Umstand, daß die Zeiten es für angemessen hielten, dies Wunder zu tradieren, denn ewig quillet Hoffnung in des Menschen Brust.

Manch einer hat bereits bemerkt, daß die Frauen den Pips der Romantik in sich haben, einen so wohlgediehenen, empfindsamkeitsgeschwellten, daß sie, kaum erreichen sie ein unbestimmtes Alter, Staubwedel, Sprößling und Gespons abspenstig werden und nur wenig später, erschlafft zur Gänze, zu sehen sind, wie sie an einer Säule des falschen Pathos hängen.

Evangeline gehörte nicht zu denen, war sie doch im holden Mutterleib entwickelt worden, damit ein Knabe daraus würde, weshalb sie denn, um etwa einen Zollbreit knapper ausgefallen, dem kleinen Irrtum keinerlei Beachtung schenkte, sondern ein Wams anlegte, ein süperb gepufftes und gepunztes, dazu ein buntes Halstuch, das die Schärpe abgab, und Watstiefel anzog mit leuchtend roter Furt (denn das Waten war gar naß) und ihre Peitsche in die Hand nahm, ihre Hündchen um sich scharte und aufbrach auf der Straße des Geschicks, der Zeit entgegen, wo die Tierchen Bluthunde, ihres Namens würdig bis in die Spitzen ihrer Schwänze, und gespitzte Vorstehhunde wären, worauf sie denn geduldig harrten unter den Zypressen und Zweigen des Aloenbaums und Madrigale dichteten, gleich ihr, auf alle süßen zügellosen Dinge.

Ihr Vater brachte, wisse man, manch einen Abend, wenn der Wind ging, damit zu, seine Bibliothek in einem ganz normalen Nachthemd zu durchmessen, während er auf Wege sann, wie er sein irrgegangenes Kind zu dem zurückgeleiten könnte, was immer schon für eine dem Weib genügende Religion und Tätigkeit erachtet wurde; denn schon rafften, kaum daß Evangeline bei Duchess Clitoressa of Natescourt zum Tee erschien, die dort hereingeschneiten Frauen (die bourgeoisen, wohlgemerkt, die eigentlich auf einem Botengang zu einer hübschen Kirche katholischen Gepräges waren, Säuglinge an der Brust, am Arm die Gatten) die Röcke, um sich nur nicht anzustecken, und ob des hastigen, durchbebten Röckeraffens zuckten ihre Lieben ein jedes Mal derart zusammen, daß es von Mal zu Mal die ganze Teegesellschaft mitbekam und abzusehen war, wann Evangeline eine wäre, an die man nur aus Großmut das Wort noch richtet, was nie und nimmer, wie ihr Vater wohl erkannte, der Weg sein konnte zum Altar.

Wie oft nahm er sie sich nicht vor, indem er sagte: »Tochter, Tochter, ich erkenne in dir höchst vaterseitige Gefühle. Was tu ich nur?« Und sie erwiderte dann ziemlich heftig: »Ihr, güt'ger Lenker, rechnetet doch wohl auf einen Sohn, als Ihr zuoberst Eurer Auserwählten laget – weshalb seid Ihr dann aber todgekränkt, wenn Ihr erkennt, daß Euer Wunsch Gehör gefunden hat? Gerate ich denn nicht genau nach Eurem Sinne, und ist es nicht nur umso löblicher, daß ich's ohne zünftiges Rüstzeug tue und doch nicht klage?«

Zu der Zeit nun, von der ich schreibe, war sie zu einer kundigen, gewitzten Fünfzigerin geworden, und wenngleich von untersetztem Wuchs und keineswegs erfreulich anzuschauen, war sie doch sehr begehrt und so berühmt für ihr Genie, was sie nur in die Hand nahm, dem Gipfel zuzuführen, und weithin so geschätzt für ihre Zungenfertigkeit, daß sie es schließlich bis zur Ruhmeshalle brachte, wo seelenruhig sie neben einer Venus stand oder auch sich an ein Tränenkrüglein lehnte mit einem Schwämmchen, denen zugedacht, die ihr zu Zeiten vorgeweint und sein' bedurften.

So beginnt dieser Almanach, den alle Damen
Bei sich tragen sollten wie der Priester
Sein Brevier, der Koch die Rezepte
Der Arzt die Arznei
Die Braut ihre Ängste
Und der Löwe
Sein Gebrüll!

Kalter Januar   Patience Scalpel

31 Tage hat der

JANUAR

Dies ist der erste Monat unseres christlichen Kalenders, da die Erde gebunden ist und das Meer von Entsetzen gepackt. Da die Vögel kein Zeichen ihres Daseins geben und nur im Gedächtnis weiterdauern, da die Säfte im Schlaf liegen und die Bäume nichts von ihnen wissen, da leuchtendes Laubwerk und üppiges Grünzeug bare Hoffnung sind, da der Pflug mitsamt der Egge verwahrt ist, da die Felder ihre Brache vom Schnee bestellen lassen, den keine Sichel erntet und keine Scheuer herbeisehnt und dessen Fracht kein Bauernkarren einbringt, sondern der sich ungescheffelt sät und erntet.

Wie es nun in diesem Monat um Mutter Erde bestellt ist, so ist es um alle Dinge der Natur bestellt und um die Frau zumal.

Denn in diesem Monat dauert sie ein wenig, was sie aus dem Mann gemacht hat und daß sie seit alters her Erwartungen in ihm geweckt und ihn dadurch recht eigentlich zu einem solchen Gipfel der Kultiviertheit geführt hat, daß sie nun in gewisser Weise dafür verantwortlich ist.

Patience Scalpel gehörte zu diesem Monat und gehört in diesen Almanach einzig aus dem Grunde, daß sie die Frauen und ihr Tun und Lassen von Anfang bis Ende, von Kopf bis Fuß, inwendig und aus-, wie sie um sie, vor ihr und über ihr waren, nicht zu begreifen vermochte.

Sie sah sie auf der Wiese umherspringen, sie hörte ihr Gebarme und Geächze in mehr als einem stattlichen Herrenhause; sie gewahrte sie, wie sie über die Decken schwebten (denn der Art war die Kunst von dazumal), in *Toile de Jouy* drapiert und flammenlos verschmolzen in einer einzigen unwägbaren Umarmung. »Und was« sagte sie, »die albernen Geschöpfe damit meinen mögen, übersteigt meine diagnostischen Fähigkeiten! Ich bin von meiner Zeit und deren bestes Argument, und wer bin ich, daß ich soll sterben in meiner Zeit und nie erfahren, was eigentlich das in den Wirteln und Ritzen meiner Schwestern ist, das sie streckt bis zum bitteren Ende? Haben sie denn nicht Organe, einander ähnlich wie ein Ei dem andern oder einer Zwillingswunde, und reißt sie der erbitternd kurze Zügel der weiblichen Gezeiten denn nicht ein ums andere Mal aus ihrer Bahn? Was kann man also zur besseren Wirkung tun, als die Herzlieben auf einen Stapel Löschpapier setzen und es damit gut sein lassen, daß man sie für ihre Auszeit mit einer Bibel oder Haspel versieht und mit gebotenem Pessimismus feststellt: Sie sind in einer Sackgasse angelangt. Eine Saison lang wird es keine Kinder geben, und was soll das?«

So ließ sich ihre Stimme das ganze Jahr hindurch vernehmen, schneidend in ihrem Hohn wie ein chirurgisches Instrument, und sie gebrauchte sie auch zu keinem anderen Ende, als wieder an einem Tag und abermals an einem Tag anzugelangen, wo sie sprach: »Ich habe alle Mittel, mathematischen, poetischen, statistischen, verstandesmäßigen, erprobt, um hinter diese Unpäßlichkeit zu kommen, die man unter dem Namen Mädchen kennt! Mädchen! Und kann doch nirgends entdecken, wo die Frau den guten Grund hernimmt, der sie zu einer so geschickten Arbeiterin im Felde der Alleinseligkeit bestimmt! Wer gab ihr Weisung, notwendige Rechenmethode und Schlechtigkeit? Wo und in welcher finstren Kammer wurde der Baum auf solche Weise aus dem Leben gekerbt, daß ein Zweig sich zum andern kehrte und aus den Spänen einen Garten der Ekstase machte?«

Fröhliches Gelächter erhob sich rings um sie, als man gewahrte, wie Doll Furious in ihrer Barchentfülle, der apfelblütenvignettierten, hurtig den unverhältnismäßigen Überredungskünsten von Señorita Fly-About, einem rechten Schwirrvogel römischer Destination, nachtrippelte!

»Zu meiner Zeit«, sagte Patience Scalpel, »handelten die Frauen sich schon genügend Scherereien dadurch ein, daß sie mit dem Vater ihrer Kinder zu Bette lagen. Was paart sie denn nun bloß in diesem gesegneten Jahr des Herrn von gleich zu gleich, so daß ihnen nie ein Bart dazwischenkommt, Schicht um Schicht, und wollte einer sie auswickeln bis aufs Inlett? Mich dünkt«, sinnierte sie, das Sternenauge dorthin erhoben, wo ein Kiebitz es durchaus zufrieden war, es in den Zweigen wüst zu treiben und sich eine Brut zu schaffen nach der alten Art, »sie lieben den Stundenschlag und wollen doch nicht die Augenblicke hecken, die zu ihm führen. Schlampen!«, sagte sie, nachdem sie sich kurz besonnen, wohlgelaunt, »Die guten Mütter sollen sie wohl in der nächsten Generation mit Luxusartikeln versorgen, denn sie selbst werden ja keine Sies bekommen, es sei denn irgendeine Ihrige ließe welche sprießen! Nun, ich bin dafür nicht die Frau! Sollen sie doch stibitzen, wo sie wollen. Mein Töchter werden jedenfalls heiraten!«

So begann Evangelines Laufbahn

Der Februar brach an

29 Tage hat der

FEBRUAR

Dieser Liebesbrief ist als Geschenk gedacht, und wenn sie eingefangen ist, was fange ich dann mit ihr an? Weiß Gott! Denn tunlich ist es zu sagen, ich tu's nicht, und was wir nicht wissen, der einzige Beweis SEINER, den wir haben!

Meine Liebe ist ein altes Mädchen, ein unmodernes mit schwarzen Glastropfen auf der Brust und weiter abwärts einem arg abgegriffenen Geheimnis und einem Labyrinth. Es schrillen aus ihr vorjährige Aufmerksamkeiten, und sie schmilzt dahin am Feuer des Todes! Was also soll ich für sie tun, das nie vollbracht worden ist! Sie ist ein einziges Überraschungspaket! Soll eine da auf eine Nuance stoßen, auf die sich zwanzig Jahrhunderte noch nicht gestürzt, ja, die sie noch nicht mit Sorge bedacht und hingemordet haben? War ihr Haar etwa einstmals nicht sternendurchflochten? Ihr Schienbein nicht halb vom Mond umkreist? Ist sie etwa nicht um und um gedreht worden, so daß der Treib-

HEILIGENFEST

Dies sind die Tage, an denen Dame Musset heiliggesprochen wurde und für folgende Dinge:

Januar
Als sie frisch gejungt war, befand man sie für um einen Zoll zu kurz geraten.

Februar
Als sie erst fünf war, beklagte sie sich mitten im Gebet, daß die Mädchen in der Bibel immer und ewig erdenstumm und gezeichnet seien.

März
Als sie neun war, lernte sie, wie man zu einem sogenannten Dienstmädchenknie kommt, als nämlich das Sklävchen beim Spülküchendienst bettlägerig war und bekniet werden mußte.

April
Als sie eben über fünfzehn war, brachte sie eine Beinahe-Braut mit der Rüsche der linken

Aus folgenden zwölf Gründen heiliggesprochen

sand ihres Verlangens längst weiß, wohin er rieselt? Wer kann einen neuen Pfad schlagen, wo keine Wildnis ist? Päckchen verlorener Vollkommenheit liegen in der Salzerde – gewiß werde ich ihr die Schnüre nicht auf eine neue Weise lösen –, allzu lange zeitet schon die Liebe! Wird sie etwa um eines so abgedroschenen Rezeptes willen ihre Kleinigkeiten auspacken, ihre Schätze ausschütten einer derart abgegriffenen Münze halber? Doch wäre, ihrer zu entsagen, etwas nicht minder Altes, und zu sagen: »Geh!«, schließt nur eine Tür, die eine Million von Jahren ins Schloß gefallen ist!

Oh Zeus! Oh Diana! Oh Nieswurz! Oh Absalom! Oh Fischereirechte! Was soll mir das? Allein *die Erste gewesen zu sein*, hätte mich beschert! Doch so – wie soll ich mir nicht Asche aufs Haupt streuen, mich in Sackleinen gürten, meine Nichtswürdigkeit und Verzweiflung unter einem Aschehaufen verbergen und auf diese Weise zum Mahnmal des Nichtstunkönnens werden?

Wahrhaftig, ich werde mich vor ihre Türe stellen, und wenn sie heraustritt, werde ich meinen, sie habe die Füße inwendig auf der Schwelle gelassen, und wenn sie hineingeht, werde ich träumen, ihre Hände lägen noch auswendig an der Tür – denn da drinnen habe ich nichts zu beschicken, und Gaukelei ist mein einziges Geschick!

Handkrause zum Schweigen, damit ihr Vater im Schlaf nicht womöglich etwas vom Oh! mitbekäme.

Mai
Als liebliche Einundzwanzig auf unerträgliche Weise auf sie einflehten, ging sie zum Hahnenkampfplatz und konnte es im Stolzieren mit jedem aufnehmen. Und bei vollem Mond muhte sie in Gamaschen und Handschuhen mit der Herde, ihre Hacken an deren Hufen, und in der feuchten Talmulde pickperwickte sie aus lauter Dollerei mit der Wachtel im Dickicht und rief nach bräutlichem Schwung und einer Feder zum Fliegen.

Juni
Als sie gute Dreißig war, machte sie wie alle Männer vor ihr eine Dirne aus einer anständigen Frau, indem sie eine Geliebte daraus machte.

Juli
Als sie vierzig war, wunderte sie einen Baum an, dessen Blätter randlos waren und dessen Name Florella war.

August
Als sie etwas über fünfzig und einen Tag alt war, traf sie auf den Frühling, welcher als der zweite etikettiert ist.

September
Als sie gute Sechzig war, wandte sie sich ebensowenig zum Guten wie irgendeine sonst.

Oktober
Als die Sechzig nicht länger zu ihren Untermietern gehörte, kaufte sie sich ein extrafernblikkendes und ultranahsichtiges Opernglas und trug es immer in einem Beutel mit sich herum.

November
Als sie achtundachtzig war, sagte sie, »Das ist ein Haken, Mädchen, und kein Knopf, du solltest dein Kleid besser kennen«.

Dezember
Als sie kurz vor ihrem letzten Atemzug war, ließ sie eine Pastete kommen, gab sie einer Freundin zu essen und entsagte
der Welt und ihren Fall-
stricken wie alle Hei-
ligen vor ihr, als
sie keinen Raum
mehr für sie
hatten.
Prosit!

Windiger März

31 Tage hat der

MÄRZ

Unter eben den Damen, von denen wir schreiben, waren zwei Britinnen. Die eine hieß Lady Buck-and-Balk und die andere schlicht Tilly-Tweed-in-Blood. Lady Buck-and-Balk tat sich durch ein Monokel hervor und glaubte an Geister, Tilly-Tweed-in-Blood tat sich durch einen Stetson hervor und glaubte an die Ehe. Sie kamen zum Tempel der ehrenwerten Dame Musset und ließen sich zum Tee nieder und äußerten folgendes:

»Bloß weil die Frau in diesem Zeitalter an die Frau fällt, meint man doch wohl nicht schon, wir wüßten nicht, was Anstand ist? Was hat England denn bislang getan, um die sogearteten Leidenschaften zu legalisieren? Nichts! Sollte man es nicht gehörig dafür ins Gebet nehmen, daß man durch seine trüben Wetter hindurch nicht ein einziges Mal zwei liebe Tauben in bräutlicher Spitze hat herannahen und in würdevollem Glanz das Mittelschiff durchschreiten sehen können, um in Gleichheit vereinigt zu werden und wechselseitigem Schwur, daß man einander lieben, ehren und Gehorsam leisten werde, während eine jede nach dem gleichbeschaffenen Goldreif tastet, der die eine zur Gemahlin und die andere zur Braut macht?

Erbärmlicherweise habe ich nie von einem solchen Paar gehört noch eins gesehen, wie sie hernach im Ehebett liegen, aufgezäumt in ihren besten Bändern, das Ganze unter einem Baldachin von Kambrik. Brust an Brust, Zopf an Zopf, Schoß an Schoß! Vielmehr habe ich, seit jenes Bündnis angezettelt, allzeit außerehelich zu Bett gelegen in doppelt sündiger Gleichartigkeit, habe mich daraus erhoben, unversehen mit kirchlichem Segen oder Trauschein; Unzucht getrieben in einer Sündigkeit, die so sehr aus einem Guß ist, daß die Posaune des Jüngsten Gerichts nurmehr von einem erzitternden Gespann beantwortet werden kann!

Deshalb wollen wir die Sache der Aufmerksamkeit unserer Richter anempfehlen und sie vors Oberhaus bringen. Denn wenn ein Mädchen verliebt ist, in was auch immer, dann sollte es wohl einen gewissen Schutz genießen gegen das Risiko, das doch stets mit dem einhergeht, was illegal ist? Und für den Fall, daß die eine oder andere fehltreten sollte, müßte es da nicht ein Gesetz geben, das sie bindet wie jeden anderen in dem Sinne, daß Alimente fällig werden und jeder Fehltritt somit schon im Keim erstickt wird?«

»Das läßt sich erwägen«, sagte die ehrenwerte Musset, »doch dann kommen die Duelle und treten an die Stelle des Gesetzes, und es findet sich immer ein Ausweg, falls die eine oder andere als zu leicht befunden werden sollte. Ein tüchtiger Stulpenhandschuh, leicht übers Hinterteil gezogen, brächte sie in die öffentliche Grünanlage, wo sie mittels Rapier oder Vogelflinte Genugtuung verlangen und erhalten könnte, um die Sache auf die eine oder andere Weise für beide dem Ende zuzuführen.«

»Das ist unzureichend«, sagte Lady Buck-and-Balk, »bedenkt doch, wie zart Frauenherzen sind, selbst noch die schneidigsten! Ein kleines Rinnsal Blut an jenem lieben Torso (und an dieser Stelle blickte sie schmachtend zu ihrer Auserwählten hinüber), und ich wäre weniger zu gebrauchen als ein Mann! Und ich wage zu behaupten, Tilly würde abgelenkt, wenn sie an mir eine Rippe gewahren müßte, die sich selbstständig gemacht hat, oder ein abscheulich blutendes Handgelenk! Nein, wir brächten es niemals bis zum Mord, denn die Frauen haben nun einmal nicht wie die brutalen Männer«, schloß sie, »zwischen sich den Tod, sondern nur Mitleid und stets neu erwachendes Verlangen! Gleich und Gleich spießt sich nicht auf, und Ähnlichkeit sitzt nicht zu Gericht über Ähnlichkeit!«

»Ich wäre dazu mit der verblüffendsten Leichtigkeit imstande«, sagte Dame Musset, »doch ich habe ja auch keinerlei Marinehelferinnenblut in mir oder irgendwelche Zaghaftigkeit. Weshalb sollte die Frau unaufgespießt bleiben? Die Liebe der Frau zur Frau sollte das Entsetzen mehren. Ich sehe wohl, daß das bislang nicht der Fall ist. Alles ist nicht, wie es sein sollte!«

»Ach, nimmer, nimmer, nimmer«, seufzte eine sanfte Stimme, und das Trio gewahrte auf diese Weise jenes charakteristische Zartgefühl,

WIEGENLIED FÜR DIE DAME EINER DAME

Lauf mein Vogel Hellaug' putz die Mutter / Finkenflink mit deinen Sorgen
Beer' am Busche für ein Morgenmorgen

Dehn dich aus flügelsteif, vollzollbreit / Streift das Leid Mutters Wangen. Wes Gedenken
Wird dich, dreimal um den Baum rum, fangen?

das als Masie Tuck-and-Frill bekannt war, vormals *Sage-femme*, doch nun, den Zeitläuften zufolge, bedauerlicherweise beschäftigungslos, obgleich es hieß, nichts könne sie von ihrer Sehnsucht heilen, denn wenn sie auch an niemandes Bett gerufen wurde außer an solche von Schwestern, die in nichtverwandtschaftlichen Banden vereinigt waren, so schaute sie doch mit hoffnungsvollem Blick zwischen die Bettücher und legte in jede Armbeuge, zwischen alle Knie eine liebevolle Hand, und obwohl sie niemals irgendetwas fand, das der Fürsorge bedurfte, oder ein Stimmchen sagen hörte: »Wo bin ich?«, nährte sie doch noch immer die närrische Täuschung, daß die Hübschen auf die eine oder andere Weise, mit zulässigen Mitteln oder unzulässigen, ein kleines Liebchen werfen würden, und man hörte sie in manch schummrigem Korridor eine Neun-Monats-Liebe mahnen, sie solle sich nicht zuviel zumuten und sich insbesondere treppabwärts vor dem Ausgleiten in acht nehmen. »Denn«, wie sie sagte, »die Schöpfung war für uns von jeher viel zu wunderbar, als daß wir jetzt Zweifel an ihr haben dürften, und wenn das mittelalterliche Verfahren auch immer noch als zureichend erachtet wird, was soll ein modernes Mädchen eigentlich hindern, sich von der Couch eines ebenso modernen zu erheben und dabei etwas Neues im Sinn zu haben? An der alten Tradition zu haften, ist Leichtgläubigkeit, und die Leichtgläubigkeit ist verschlissen bis zur Fadenscheinigkeit. Eine Feder«, sagte sie, »könnte es vollbringen oder ein wohlgesungenes Lied oder ein Ausruf am rechten Ort oder ein Schichtpudding, in der richtigen Gemütsverfassung gekocht, und dann brauchtet ihr mich allerdings!«, und schon fing sie das erste Wiegenlied zu singen an, das je für das Mädchen eines Mädchens ersonnen wurde für den Fall, daß es eines Tages Mutter werden sollte. Und mit dieser Präfation traf jede Frau sie an jedwedem Orte an. So kam es, daß die drei sie in den Kissen sitzen und einen feinen Saum nähen sahen, während sie mit der betrübten, einsamen Stimme jener, deren Gewerbe zu zärtlich ist, um dem Vergessen anheimzufallen, sagte: »Die Frauen befinden sich ein wenig diesseits der Besonnenheit, ihre Liebe besitzt die Heftigkeit aller unwiederbringlichen Spannung. Die Männer sind zu früh dran, die Frauen im Verzug, und die Religion kommt zu spät für die Religion.

Beim Mann ist die Liebe Angst vor der Angst. Bei der Frau ist die Liebe Hoffnung ohne Hoffnung. Der Mann fürchtet alles, was ihm genommen werden kann, die Liebe einer Frau schließt dasselbe mit ein und legt sich dann daneben. Die Liebe eines Mannes ist dazu gemacht, der Natur zu entsprechen. Die Liebe einer Frau ist ein Kuß im Spiegel. Sie ist ein Lebewohl an den Schöpfer, ohne ihn zu stören, die höchste Zärtlichkeit auf halbem Weg ins Vergessen, Schlacht nach dem Rückzug, Herausforderung, wenn das Schwert zerbrochen ist. Ja, es schlägt lautstark gegen's Herz, denn auf diese Weise gibt sie ihren Körper der ganzen nirgendwo verzeichneten Musik anheim, die der Psalm ist.«

»Ihr sprecht«, sagte Dame Musset und wandte ihr ein entzücktes Auge zu, »mit der Stimme einer, die eine von uns sein sollte.«

»Ich spreche«, sagte Masie Tuck-and-Frill, »mit der Stimme, die von jeher jenen zugestanden worden ist, die weder hierhin gehen noch dorthin; der Stimme des Propheten. Allein diejenigen, die ihr ganzes Leben hindurch in einer einzigen Lage ausharren, wissen, was die Pläne waren und was die Hoffnungen sind und wo der Fleck ist, da beide begraben liegen in jenem Moder, den man Leben nennt. Auch fürs Vieh vergeht die Zeit, die Jahrhunderte stauchen es zusammen, der Schrei eines Jungen steigt ihm über den Kopf, bis an die Hörner steht ihm das Seufzen seiner Vorfahren, doch über seinen Hörnern gibt es noch eine Stimme, die da schreit: ›Schuhuh!‹ Ich wünschte«, setzte sie hinzu, »das geistige Auge wäre nicht so erpicht aufs Herz gewesen.«

»Das ist doch ein guter Platz«, sagte Dame Musset im Ton einer Person, die schon lange Zeit durchaus zufrieden ist.

»Ein guter Platz in der Tat«, gab Masie Tuck-and-Frill zurück, »ein besserer jedoch, wenn man ihn nur mittelbar zu Gesicht bekommt.«

»Ich«, sagte Lady Buck-and-Balk – denn die Geister hatten ihren Sinn für Nuancen etwas abgestumpft – »wünschte nur, wir könnten den Mann ganz und gar abschaffen!«

»Das geht doch nicht«, seufzte Tilly Tweed-in-Blood, »wir brauchen ihn zum Kohlentragen, Balkenheben und noch für dies und das.«

»Ach ja, was für Goldstücke!« sagte Patience Scalpel, die eben zu ihnen hereinsprang, wobei sie sich ihrer Pelze entledigte, »Und ist denn hier irgendwo einer?«

Dies ist der Teil über den Himmel, der nie erzählt worden ist

»Selbstverständlich nicht!« schrie Lady Buck-and-Balk in einem Atemzug mit Tilly Tweed-in-Blood, als sei ihnen eine große Maus über die Schienbeine gelaufen, »wie kann man nur so etwas sagen!«

»Huch, igitt, und wieso eigentlich nicht?« sagte Patience, während sie an einem Cognac nippte, »Wenn es sie nicht gäbe, ihr wärt nicht halb so zufrieden mit dem Stand der Dinge. Das Vergnügen besteht nun einmal darin, daß das Blut ein bißchen auch abwegige Kanäle nimmt.«

»Wenn mir danach ist, den höchsten Gipfel zu betrachten, zu dem die Ironie emporgedrungen ist, und wenn es mich einmal wirklich danach verlangt, im Unpersönlich-Tragischen zu *baden*«, sagte Dame Musset, »dann denke ich an jenen Tag vor vierzig Jahren zurück, als ich, ein zehnjähriges Kind, von der Hand eines Chirurgen defloriert wurde! Ich, selbst ich, habe das erleben dürfen wie andere Frauen auch, und war ich doch weder vorher noch nachher jemals eine!«

»Oh mein Schatz!« jammerte Tilly in jähem Entsetzen los. »Meine arme, liebe, betrogene, mißhandelte Seele! Ich darf gar nicht daran denken! Ja, ich weiß gar nicht, wen ich zuerst schlagen soll! Doch irgendeiner wird mir dafür büßen, glaubt mir! Diese Augen sollen keinen Schlaf mehr kennen, bis Ihr gerächt seid!«

»Pscht!« sagte Dame Musset und legte ihr die Hand aufs Handgelenk, »Ich bin mir Rache genug!«

»Das habe ich noch gar nicht bedacht!« sagte Tilly glücklich, »Habt Ihr Judas doch weiß Gott tausendmal aufgehängt, wieder abgeschnitten und abermals aufgehängt!«

»Und werde es auch fürderhin tun, so Gott will!« sagte Dame Musset.

»Von der Hand jenes Mannes«, sagte Patience Scalpel, »muß ja mehr

ZODIAK

Dies ist der Teil über den Himmel, der nie erzählt worden ist. Nach Satans Fall (und als er fiel, stieß Luzifer einen Schrei aus, der vom einen Ende des Ohn-End-und-Auf-Immerdar zu hören war) scharten die ganzen Engel, Widder, Stier, Zwillinge, Krebs, Löwe, Jungfrau, Waage, Skorpion, Schütze, Steinbock, Wassermann, Fische, alle, alle scharten sich so dicht zusammen, daß sie nicht auseinanderzuhalten waren. Und keine neun Monate später war unterm Himmelsdom ein großmächtiges Frohlocken zu hören, und aus der Mitte fiel, ungeheuerlich reuige Qual tropfen als von der Hand Lady Macbeths, und sie muß heißer brennen als die Zunge einer Schlange!«

»Er murmelt im Schlaf«, sagte die Tuck-and-Frill, »und wälzt sich von einer Seite auf die andere und findet keine Ruhe!«

»Das ist einmal ein Mann«, sagte
Dame Musset wohlgefällig,
»der nicht großtut.«

wie etwas längst Vergessenes, ein Ei zur Erde nieder und zerbarst beim Aufschlag und heckte, und heraus trat eine, die sagte: »Verzeiht, ich muß los!« Und das war die erste Frau, die mit einem Unterschied geboren worden war.

Danach schieden die Engel von
einander, und im Gesicht
eines jeden stand der
mütterliche Ausdruck.
Weshalb bloß?

Die vollständig bekleidete Venus auf dem Vormarsch, nicht größer als ein Kümmelkorn

30 Tage hat der

APRIL

IHRE ZEICHEN:

Akute Melancholie fällt an denen auf, die sich in diese Materie schon weit hineinbegeben haben, während eine unbeschwerte, verkicherte, tänzelnde Einbildungskraft diejenigen aufrechtzuerhalten scheint, die sich noch in den allerersten Stadien befinden: oberflächlich im Denken; arm an Konzentration; eine Neigung zum Hopsen, Hüpfen, Springen sowie dazu, das Auge unangebrachterweise auf jede einzelne oder mehrfache Erscheinung eines Mädchens in gleichgearteter Unpäßlichkeit zu lenken.

Darauf folgt Kühle oder nächtliche Ruhelosigkeit oder die unerklärliche tabellarische Aufstellung unbedeutender Gegenstände wie Schindeln für (wäre sie in London: Bärenfellmützen) Turmspitzen, Maulbeeren für Körbe, Ösen für Kleider, Hufe für Pferde und Sterne am Himmel.

Binnen sechs bis acht Wochen schafft das Raum für eine Nüchternheit, die Gedanken an Transmigration, Levitation, Myopie und Pusteln einschließt. Das Auge trieft, der Atem ist kurz, der Spleen greift um sich, und die Epiglottis hebt und senkt sich wie das unaufhörliche Schlucken des Herzens. Woraufhin man miterlebt, wie die Venen hervortreten, die Nerven zucken, die Handflächen feucht werden, die Füße ihre Rührigkeit einbüßen, die Eingeweide sich zusammenziehen, und so wie in alten Zeiten, als ein Mensch im letzten Stadium der Tollwut bisweilen junge Hunde im Urin fand, so findet man im Wasser dieser hier die vollständig bekleidete, auf dem Vormarsch befindliche Venusfigur, nicht größer als ein Kümmelkorn, in der einen Hand einen Dreizack und in der linken Faust eine Gänsewespe.

Von einer heißt es, sie habe in Todespein eine ganze Schule von Dirnen passiert, die auf einer Muschelschale lagerten, welchselbe feuerspeiend wütete, bis daß die Gesamtheit der Flüssigkeit in ihrem Nachtgeschirr dermaßen entflammt war, daß sie einem brennenden Brandy gleichkam und dergestalt über die Leidende rann, daß man erleben konnte, wie sie unter Rauchausbruch wieder in Dienst genommen wurde und auf diese Weise binnen weniger als einer Sekunde zu einem Stück Glut verkohlt war. Sei dem, wie wolle, es gibt nicht wenige, die dafür halten, die Krankheit und die Anzeichen derselben seien in einem Maße unterschiedlich, daß eine Klassifikation nahezu unmöglich werde; eine ganze Anatomie sei nötigenfalls zu entwerfen, um auch nur an die kleinste Fiber der Krankheit, des Leidens und der Agonie heranzukommen.

Andere haben ein Temperament von der Art, daß nichts sie aus der Fassung zu bringen vermag außer der Eitelkeit. Die kann man erleben, wie sie sich Efeu ins Haar winden oder sich einen Lorbeerzweig über die Schläfen hinzaubern, während sie »Ich bin ich!« intonieren, und so geruhen sie auch nicht, welchen Gram auch immer zu verspüren, es sei denn, irgendjemand fragte: »Na und?«, was sie in eine solche Wut versetzt, daß selbst das Gewand ihrer Begleitung in Gefahr gerät, und so verzerrt sind ihre Gesichter von sinnlosem Stolz, daß sie in nicht unbeträchtlichem Maße der Wölfin ähneln, der man ihre Jungen geraubt hat.

Wieder andere sind von wieder anderem Charakter und sind immer lieb und zärtlich und haben großes Vergnügen daran, Opfer zu bringen und Geschenke zu machen und Rosen zu streuen, ehe die Angebetete naht. An denen entdeckt man das klare Auge, den geschwungenen Mund, das seidige Kinderhaar, die *bonne mine*, die Ausgeglichenheit, die Charakterstärke und den Mut, der als Torheit gilt. Auf solche kann man zu jeder Stunde zählen, und sie werden, wenn sie tot sind, mit dem Ausdruck einer wackeren Standuhr begraben, die niemals nach- und niemals vorgegangen ist, sondern für die Dauer der Sterblichkeit exakt die Stunde geschlagen hat und nur dadurch und schnöde zum Schweigen gebracht wird, daß der Herr seine große Schere zückt und die Gewichte abschneidet.

Lieblicher Mai

31 Tage hat der

MAI

Der liebliche Mai stand und legte die letzten geschlechtlichen Tupfer auf, während Patience Scalpel mit jener ebenso göttlichen wie ätherischen Stimme, für die sie berühmt war, Reden schwang, der Stimme einer, der die Cherubim an den Fesseln knabbern, wohingegen Dame Musset inmitten der Brücken Doll Furious Gewißheit verschaffte.

»Was«, sagte Patience Scalpel, »könnt ihr Frauen bloß aneinander finden? Wo ist die Weggabelung und wo der Reiter, der jagt? Wo«, sinnierte sie, »es Prostitution und Trunksucht gibt, da gibt es notwendigerweise auch Unmoral, oder ich verstehe die Zeiten nicht recht, doch was ist denn das hier?«

»Und«, sagte Dame Musset und reckte sich im Bett empor, »das ist alles, und mehr gibt es nicht!«

»Aber ach!« rief Doll.

»Nieder mit dir, Frau«, sagte Dame Musset aufs Freundlichste. »Vielleicht ist da ein Senfblütensamenkorn!«

Nun wurden die Schwestern Nip und Tuck, zwei tüchtige Mädel, die ganz Spanien als Folter beanspruchten und an die Läden pochten, eingelassen. »Wir sind gekommen«, sagten sie, »um Euch mitzuteilen, daß in der Stadt ein Dreschflegel herumschwirrt, der zwischen Ecke und Nische schreit und zwar mit jener klagenden herkuleischen Stimme, die sich in unseren Ohren nach einer umherirrenden Schwester anhört, denn ganz gewiß ist das nicht das Quengeln der Mutterschaft, sondern ein mystischeres, dumpferes Gestöhne. So scheint uns denn als Mitgliedern der Sekte, wir sollten Euch diese Information nicht vorenthalten, damit Ihr reparieren könnt, was nie beschädigt worden ist.«

»Es soll geschehen und mit aller Schläue«, sagte die Dame, schlang sich die Steenkerke um und zog sich mit ihrer Bärenfellmütze eins übers schurkische Knie. »Wo ward sie zuletzt gesehen und wohin unterwegs?«

»Sie randalierte im Bois«, sagte Nip, »und tobte durch die Champs-Elysées«, sagte Tuck, »und wurde zuletzt erblickt, wie sie in einer Staubwolke hinter einer historischen Tatsache herjagte.«

»Ein Samenkorn, ein Samenkorn«, jammerte Doll.

»Sie soll niedergeworfen werden«, sagte Dame Musset und achtete ihrer nicht, »und ordentlich gebrandmarkt an Hinterteil, Flanke oder erhabener Verzierung. Ihr auf der Fährte, wollen wir sie in einen Wirrwarr der Versuchung jagen!«

Wer war das nun anderes, den diese wackeren Frauen jagten, als Bounding Bess, die berühmt war für ihre Begeisterung für vergessene Dinge, und nachdem sie tüchtig die staubigen Abmessungen der Champs-Elysées abgeschritten hatten, trafen sie plötzlich auf sie, wie sie am Straßenrand stand und Maximen verfertigte. Sie war großartig in Geschichte, und ihre Konzentration grenzte nahezu ans Wunderbare, und so ergab es sich, daß die Schwestern Nip und Tuck und die ehrenwerte Hl. Musset stehenbleiben mußten, und so war sie ihrer auch kaum gewahr, als sie zu sich sagte (denn wer hat je behauptet, daß das Selbstgespräch Hamlet allein zusteht?): »Es hat große Frauen in der Geschichte gegeben, und wenn sie jetzt auch himmelwärts schauen, so stimmen sie mich doch mißvergnügt. Nicht die Geringsten darunter waren irgendwie der Liebe zugetan. Der tüchtigen Katharina von Rußland machte es nichts aus, mit zehn über einen Mann ins Zwitschern zu geraten und mit zwölf doch Diderot zusammenzustauchen oder jemand ähnlich Glanzvollen, und wurde nicht selbst Sappho, die doch dazu neigte, über schlaffen Mädchenkörpern zu singen wie nur irgendeine lärmige Nachtigall, nichtsdestoweniger von Philosophen ihrer Zeit sehr hoch geschätzt? Wieso sollte folglich ich, die ich selbst in mir eine Neigung zu jenem läppischen Geschäft verspüre, das hierzulande als Miss Spiritus bekannt ist, die Psalmen für die Rosenkreuzer singt, oder was immer das für ein neuer Kult ist, mich, wenn ich jener Regung nachgebe, unbedingt als Fehlschlag herausstellen und für geistlos und unzulänglich befunden werden, und legte man mich auch der Länge nach auf ein liebliches Rasenstück? Es käme auf einen Versuch an! Nein, ich glaube doch, die Chancen stehen eins zu einer Million, daß ich beweisen kann, daß eine, um was für einen Berg auch immer es sich handeln möge, doch so gut bei Geisteskräften wieder herunterkommen kann, daß sie noch immer ernst genommen wird, wenn sie das Schicksal von Nationen erörtert.«

»Die Füße jener Frau«, sagte Dame Musset mit jener harten, nüchtern klaren Stimme, wie sie sich aus allen Lungen der ganzen Welt vernehmen läßt, wenn sie nur in einer spartanischen Brust pfeifen, »bestehen nur aus Hacken, und was kündigen die je anderes an als einen Wissensprotz? Sie sind auf alle Zeiten auf diese unsichere Gangart eingestellt und wissen nicht, ob sie in die Wahrheit hinein- oder aus ihr hinauswandern. Die ist nichts für uns!«, und mit diesen Worten ließ sie die Peitsche gegen ihren Stiefel schnellen und wandte sich einer Konditorei in unmittelbarer Nähe zu, Nip auf den Fersen. Da sie aber einen kurzen Laut in der Herde hörte, wandte die Dame sich noch einmal um, um dortselbst (wie gewohnt) Miss Tuck zu erblicken, die sich soeben ein wenig zu dicht neben der Geschichte, oder was Bounding Bess nun sonst ausstrahlen mochte, niedergelassen hatte und binnen jener flüchtigen Sekunde bereits mit unbedeutenden Details herumspielte, die so weit zurückreichten wie der Fall Roms.

»Eine liebreizende Beeinträchtigung des Schlafs ist sie und aller Folgerichtigkeit«, sagte Miss Nip, »war sie und wird sie immer sein, und wird zweifellos nach Hause kommen, zerrupft wie eine Mistel, wird in nicht unbeträchtlichem Maße der ersten Runde eines Metzgerpicknicks ähneln oder der ersten Hälfte eines Schrankkoffermords, denn jenes Mädchen«, sagte sie wohlgefällig, »hat eine Spur von Terrierblut in sich und muß auf alle Zeiten besorgt sein um jeden Unterrock, der in dieser unserer Zeit über eine Hüfte gestreift wird!«

»Es ist ein Segen«, bemerkte Dame Musset dazu, während sie zwei der glücklichsten Kuchenkombinationen auswählte, »daß einige von uns sterblich sind und den Tod erleiden müssen. Die Zukunft braucht das, wie wir Schlaf brauchen. Ich lebe«, setzte sie hinzu, »nur noch für zwei verbleibende Zügellosigkeiten: Essen und Verstehen.«

»Erzählen Sie mir davon!« sagte Nip, denn günstigstenfalls war sie ein bißchen neugierig, da sie in der harten Fron des Journalismus stand und sich kein Bröckchen entgehen lassen durfte, wenn sie auch genau wußte, daß es nirgendwo und in keinem Land gedruckt werden konnte, denn das Leben wird in keiner Stadt von einer Zeitschrift repräsentiert, die den Unterströmungen gewidmet ist oder, was das betrifft, sonst irgend einer echten Tatsache.

»In meinen besten Jahren«, sagte Dame Musset und sogleich schwand ein wenig das päpstliche Aussehen, das sie an sich hatte wie ein Habit, und es leuchtete die Schlauheit eines Mönchs hervor, der die Weihen in einem Land zu alt für jegliche Tradition empfangen hat, »in meinen besten Jahren war ich eine Pionierin und eine Bedrohung, damals war das nicht, wie es heute ist, *chic* und gewissermaßen witzlos, sondern so gewagt wie ein Kreuzzug, denn wo es heute eine Frau geschwätzig macht, so daß wir nicht ein einziges Geheimnis in unserer Mitte haben, da ließ es sie einstmals in Tränen und Verzagtheit zurück. Damals mußte man sie sich mit List und Tücke an die Brust locken, und heute«, sagte sie, »heute muß man sie geradezu wegscheuchen, um sich unter ihnen etwas vorstellen zu können. Welche Freude hat denn die Missionarin«, setzte sie hinzu, und ihre Augen verengten sich und ihre langen Ohren gerieten vor Enttäuschung in Bewegung, »wenn alle Heidinnen ihr Hallelujah zurufen, noch ehe sie den Mund auf- und Amen!, noch ehe sie ihn zugemacht hat? Ich wünschte«, sagte sie, »es gäbe irgendwo eine Frau, die ich wegen Lethargie zur Ordnung rufen könnte! Ach!«, seufzte sie, »Wieviele solcher Mädchen gab es nicht, als ich noch ein Mädchen war, und insbesondere erinnere ich mich an eine reizende alte Baronin, die nicht zu überzeugen war, bis ich, für die Wahrheit glühend, sie schließlich in jedem geräumigen Gemach jenes zauberhaften, altererbten Hauses so gründlich niedergerungen hatte, daß ich bis auf den letzten Knopf wußte, wie jedes einzelne Inlett dort aussah! Und was für eine Kunstlosigkeit herrscht nicht im Polsterergewerbe, insofern sie die unteren Partien von Sofas und Sesseln nicht im mindesten mit der Eleganz vollenden, die sie verschwenderisch an den

Teil wenden, auf den das Auge fällt! Es sollte«, setzte sie mit einer Spur jener Energie aller Komiteevorsitzenden hinzu, wie sie in ihrer Schwester in tiefem breitem Strom dahinfloß, »eine Gilde für alle Kontakte geben, die über das wacht, worauf das lesbische Auge auf dem Marsch durchs Leben ruhen muß. Ich möchte jedoch«, sagte sie, »wiederum nicht so verstanden werden, daß ich mich in großem Stile nach den frühen Achtzigern zurücksehnte; damals waren die Mädchen stumm wie die Sticktücher und beschwerlich wie ein Krieg und wollten, daß ich die ganze Nacht hindurch anlegte, lud und feuerte, als ob«, schloß sie, »eine Frau, und sei sie besten Willens und eine Märtyrerin, sich für eine Konvertitin in Schwung bringen und dann noch die Kraft im Nacken haben könnte für die nächste. Gleichwohl«, bemerkte sie und nippte ein wenig heißen Tee, »es waren liebe Geschöpfe, und sie haben mich zu zufriedenen, erfahrenen Fünfzigern hingeleitet. Ich bin durchaus zufrieden. An meinem Schwert gibt es keinen Rost und an meinem Wappenschild soviele Flecken, daß ich auf diese Weise mein eigenes Banner und mein eigenes Siegel geschaffen habe. Ich habe an den Körpern aller Frauen alle Sitten kennengelernt, und aus ihren Köpfen haben alle Nationen ihre Geheimnisse preisgegeben. Ich weiß, daß die Orientalinnen kalt sind bis zur Hüfte und von dort ab im Nu in einem mächtigen knisternden Feuer lodern. Ich habe gelernt, daß Angelsächsinnen langsam auftauen, doch dann vom Kopf bis zu den Fersen, und genauso verhält es sich mit ihrer Seele. Die Asiatin ist zwar warm und willig, verlischt jedoch wie ein Feuerwerkskörper; die Nordländerin ist kühl und vorsichtig, brennt und brennt jedoch, bis man«, sagte sie erinnerungsschwanger, »die Kerze, die man in der Jugend angezündet hat, im Tode über seiner Bahre brennen sieht. Es ist an der Zeit, daß ich mir ein Nachtlicht suche, und was das nun genau für eine Blutfusion sein soll, das habe ich bis jetzt noch nicht bestimmt, doch – ich glaube, ich habe sie gefunden«.

»Wo denn?« rief Nip aus und blickte mit einer Spur von freundschaftlicher Besorgnis um sich.

»Das Nachtlicht der Liebe«, sagte die Hl. Musset, »brennt, dünkt mich, leicht gedämpft in den Ritzen aller Frauen, die unterm unablässigen Spielen des Frühlingsliedes ein bißchen stimmbrüchig geworden sind, obwohl ich mich da irren kann, denn wohlgemerkt, ich habe mir in diesem Punkt noch keine Gewißheit verschafft. In unserer Mitte gibt es eine solche, auf die ich diese vielen Jahre lang ein Auge gehabt habe. Sie ist ein wenig zusammengebraut aus einer schlimmen Nacht in Venedig und einer schlauen Frau, die zur Morgenmesse geht, ihr Name schreibt sich von hier bis Sizilien Cynic Sal. Sie kleidet sich wie ein Kutscher aus der Periode Pecksniffs, doch fahren tut sie eine leere Mietsdroschke. Und das ist so eine Frau«, sagte sie, »die mich noch immer als Fracht finden wird, und wenn sie am Ende der Reise immer noch so scharf schnalzt wie eine Peitsche und nie auch nur ein einziges Mal vom Kutschbock gestiegen ist, um den Kopf ins Wageninnere zu stecken und nachzuschauen, was für eine zerknitterte Bedeutung darin sitzt, dann geht sie eben leer aus, dann mache ich mich in London auf und suche mir eine andere, die ein bißchen liebevolle Fürsorge für einen Fahrgast aufbringt.«

»Wenn das man nicht die Frau ist«, sagte Nip leichtsinnigerweise, »die einen so eitlen und eifersüchtigen Charakter hat, daß man es ihr um keinen Preis recht machen kann, und die, ob man nun dies sagt oder das, nicht zufriedenzustellen ist? Wenn sie das nämlich wäre, dann ist sie als Timid Tom oder Most-Infirm-of-Purpose bereits flüchtig in meinen Gesichtskreis getreten.«

»Kann sein«, sagte Dame Musset, »kann aber auch nicht sein.«

»Wie wahr, wenn das von einer Frau gesagt wird«, stimmte Nip zu, »kein Mann könnte je das eine und das andere gleichzeitig für uns sein, und nun«, sagte sie, »sehe ich Miss Tuck ihre Schritte hierher lenken, ganz erhitzt von der Jagd, und mich dünkt, sie braucht dringend ein, zwei Kleinigkeiten in Gestalt eines Sandwichs und einer Portion Tee, denn sie sieht mir ganz aus wie eine, die ein unfruchtbares Land verheert hat. Diesen mitleiderregenden Ausdruck beobachtet man gelegentlich im Gesicht unserer jüngeren, weniger gewitzten Generation; das Hängen ihrer Unterlippe läßt auf den Undank schließen, mit dem man ihr ihre Geschicklichkeit vergolten hat.«

»Oh weh mir!« seufzte Miss Tuck, während sie am Tisch Platz nahm und sich über ein winziges Einstecktüchlein beugte, »Ihr hattet, meine liebe Musset, wie immer völlig recht. Die taut nichts auf als Fakten, wie ich es auch anstellen mochte, nicht einmal ein unausgelotetes Geheimnis steckt in dem Weib! Oder, wie schade, auch nur eine einzige kleine Anwandlung, eine wie die, die die Taube zu ihresgleichen emporfliegen läßt, nein, und nicht ein einziges nicht tabellarisch erfaßtes Krümchen, und sei es noch so infinitesimal. Denn worauf ich auch zu sprechen kam, das Frauenzimmer hatte etwas dazu zu sagen! Eben war es Horaz, dann Spinoza und dann wieder die Abstammung des Menschen«, sie erschauderte, »und diese Abstammung«, sagte sie mit einem grauenerfüllten Flüstern, »mit der will ich nichts zu schaffen haben, jetzt nicht und später nicht! Wenn eine Frau in jedem einzelnen Glied so von exaktem und haltbarem Wissen gestählt ist, dann läßt sich da nichts machen, als daß man sie sich einer unmöglichen Null addieren und auf diese Weise an unvorhergesehener Akkuratesse zu Tode kommen läßt. Doch nun ja«, sagte sie und legte eine weiche kleine Hand in die Miss Nips, »du weißt ja, wie rasch ich mich erhole und wieviele Stunden der Tag lang ist.«

»Manche Frauen«, sagte Dame Musset, »sind Walrösser und manche sind Landsäue und wieder andere sind Würmer, die um unsere Almanache herumkriechen, doch manche«, sagte sie, »sind Schwestern des Himmels, und denen müssen wir folgen und uns nicht auf Abwege locken lassen.«

»Wie soll ich verhindern können, daß ich fehlgehe«, schrie Miss Tuck, »wo doch jedes Gesetz der Liebe und des Begehrens einstmals so zusammengemischt wurde wie eine Verkehrsverirrung? Ich kann eine Sackgasse nicht von einem Boulevard unterscheiden und eine Querstraße nicht von dem, wo sie hinführen mag, und Verkehrszeichen dienen bei mir nie zu etwas anderem, als mich in Unruhe zu versetzen!«

»Du«, fiel Miss Nip ihr ins Wort, »würdest, hechelnd und blind vor guten Absichten, noch der Fährte einer Feldmaus folgen! Es gibt kein zweites Land, in dem so wenig Spuren verzeichnet sind, doch du würdest selbst in der Wüste noch ein tröstliches Fädchen finden und hättest dich, schier aus der Wut deiner Bereitwilligkeit heraus, noch vor Sonnenuntergang in eine Suhle der Bedrängnis hineingehangelt!«

»Ach mein Gott, als ob ich das nicht wüßte!«

schluchzte Tuck.

Schnuppe und Omen

30 Tage hat der

JUNI

VORZEICHEN ZEICHEN UND OMEN

Wenn Muckerl aufsteigt wie die Silbersichel
Die Muckerin verbleicht in nichtigem Gestichel
Vorm Schnuppenfall der Welt und ihrer Omen Lauf
Und eine frische Prüde steigt den Frauen auf
Denn hin zum Weibe soll die Frau nun stürzen
Wenn, wohlgebimst, sie aus den Kinderschürzen
Und nirgendsonst hin, wie sie tat zuvor
Kein Knabe küss' sie mehr, kein Mann kniep' sie ins Ohr
Kein Bursche soll kopfüberhals sie froh empfangen
Noch auch sie betten zwischen Pfühl und Wangen
Noch sie besudeln mit der Vorbedeutung Zeichen
Noch ihrer Winzigkeit zum hohen Bild gereichen
Nein, das sei nimmer ihre Erdenspeise.
Ungleich dem Vogel der Erinnerung, verlornerweise
Zum Spätgekräh im hohlen Baum der Zeit bestimmt
Den rückwärts nur der Steigende erklimmt
Soll sie von selber irregehn, Gott weiß!
Da sie des Knäuels Faden feiner spleißt
Und in den Wind schlägt die kommune Hut
Grad' wie die Glocke es mit ihrem Wesen tut.
Denn derart ist ihr Stolz, hochfliegend und vertändelt
Hat erst die Frau mit ihrem Mädchen angebändelt.

DER VIERTE GROSSE AUGENBLICK IN DER GESCHICHTE

In der Zeit der Hitze, wenn die Blumen blühen und die Vögel singen und die Eichhörnchen brennen und der Mann sich der Liebe halber auf den Kopf stellt, riskierte auch Dame Musset wie manch ein Dandy mit seinen Zuckerstangen der Hoffnung und seinen Salbentöpfen der Liebe oder wie so ein Springinsfeld mit Fingerhutbukett und baumwollsamtenen Bombast ein Auge, wenn sie einen Spaziergang unternahm.

Der Jardin du Luxembourg konnte sich keiner Hecke oder Statue rühmen, die hinlänglich die Proportionen oder die Dichte besessen hätte, um ein Versteck für einen Unterrock abzugeben, denn die Musset kannte ihn bis ins letzte Hälmchen. Folglich war sie, mit Doll am Arm eines heiteren Sonntags auf einem Spaziergang unterwegs (die Musset bildete sich nämlich ein, die Sache mit den Büschen und Schlupfwinkeln damit fein gedeichselt zu haben), nicht wenig überrascht, die andere folgendermaßen zur Sache kommen zu hören: »Liebster Schatz, jetzt ist aber wirklich der Zeitpunkt gekommen, wo du dir den vierten großen Augenblick der Geschichte anhören mußt (die anderen drei kennst du zweifellos schon), bei dem es um die von Saba und Jezabel geht. Und das, obwohl weder ich die von Saba bin noch du die Jezabel bist, genaugenommen sind wir weniger, also hör nur her.

Jezabel, jene leichtsinnige Unverblümte, pflegte viel Zeit damit zuzubringen, aus ihrem Fenster heraus zu angeln und Königen, die ihre Schritte auf diesem Wege in Krieg und Tod lenkten, ›Huhu!‹ zuzurufen. Und einige bogen in ihre Tür ein, andere gingen weiter, freilich nicht viele. Dergestalt war Jezabel am Werke, als die Königin von Saba unter ihrem Fenster durchkam, und Jezabel lehnte sich hinaus und rief ›Huhu!‹.

Und das war Jezabels letztes ›Huhu!‹.«

Dame Mussets Blick erlosch.

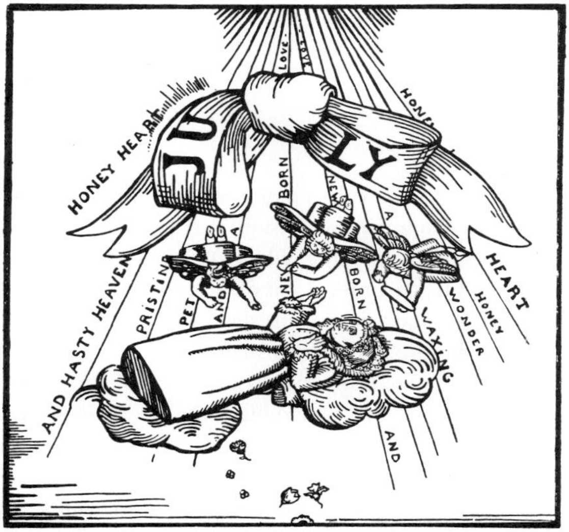

Honigherz/Hastender Himmel/Liebliches Lamm/Neugeborene Liebe/ Liebe neugeboren und/Ein wachsendes/Wunder/Honig/Honig Herz

31 Tage hat der

JULI

Der Zeitpunkt ist gekommen, wo ich, mit widerstrebender Hand, zu Papier bringen muß, was eine Frau zu einer Frau sagt, wenn sie bis zu beiden Ohren im Gefilde der Liebe steckt. Stellen wir uns darunter denn nicht gern etwas wenn nicht von poetischem Wert, so doch etwas vor, das in strophischer Form romaneske Beherztheit besingt, etwas von so gestutztem Laubwerk wie eine britische Hecke oder wenigstens etwas so gut auf die Sache, die es bedeckt, Passendes wie eine Babymütze, die doch selbst dann noch, wenn sie gerüscht ist, bis zum Stirnbein und der pulsierendsten Fontanelle Rechnung trägt, bis zum gewissen Grade die Proportionen eines Kopfes hat und auch nicht hin- und her- und rauf- und runterrutscht, als sei sie keinerlei Bedeckung für die Wahrscheinlichkeit?

Aber gefehlt, nirgendwo aus all den übertriebenen Daten der unverhülltesten und nacktesten Bestandsaufnahme der Natur noch aus den Spalten unserer gehässigsten Zeitschriften läßt sich auch nur die vageste Vorstellung von den Mitteln gewinnen, mit deren Hilfe sie ihr Herz vom Mund in den Ärmel und aus dem Ärmel in die Rhetorik und von dort aus ins Ohr der Geliebten schafft. Für die Alten gingen Liebesbriefe und Liebesgerede (wenn auch niemand sagen kann, wieviel zufällige Fügung oder List seitens dieser Vorläufer in den Dickichten der prähistorischen Wahrscheinlichkeit dabei im Spiel war – denn sagt, was Ihr wollt, vom Fisch bis hin zum Menschen hat es doch so allerlei Vonrückwärts und Stirnanstirn gegeben, wiewohl davon nur ein Zwitschern aus der Vergangenheit zu uns dringt) von ungleich zu ungleich. Unsere eigenen Zeitschriften strotzen von Maiden und ihren Bärten, deren höchste Lobrede zwar kein glorioseres Standbein findet als »Schatzi-Lou« oder »Schnuffelchen« oder »mein armes krankes Bettpuppchen«, die im umgekehrten Falle, so will es scheinen, jedoch nur eine dem HERRN entsprechende Gegenrede ist. Aber nun höre man, wie eine Maid auf eine Maid losgeht: »Und fühlst du dich auch, mein Lieb? So sag doch, rasch, fühlst du dich? Denn ich fühle mich, oh, auf eine ganz neue Weise wohl und nochmals wohl. Doch wenn du gerade keine verläßliche Kandidatin bist, dann sag's mir nur, und ich werde meinen Zwickel mit ererbtem Weinen zum Bersten bringen darüber, daß wir nicht auf denselben Mond datiert sind und gänzlich auseinanderliegen dank der vertändelten Natur, und Scheiden ist ein so süßer Gram! Wie sind wir doch allzu oft nur eine einzige in unserem Zweigespann! So sag mir also, ob du dich fühlst, denn ich, ich fühle mich, oh so wohl.«

Oder solche Worte wie die folgenden: »Mag ich auch zeitlebens getändelt haben oder künftig tändeln oder selbst am heutigen Tage oder mögen selbst dies jetzt Tändelstunden sein, da ich dies für Dich zu Papier bringe, doch wenn ich auch in Übersee die reizenden Narzissen pflücke, mich halsüberkopf in manch Petersilienfeld stürze, bei Zartbesaitetem und Hartgebettetem die Hand im Spiel habe, wenn ich auch die Blüte der Weiblichkeit selbst an meine Brust drücke oder mich der Länge nach ermüde ohne ein Verschnaufen zwischen mir und ihr, sie über die Kante stupse, um sie auf den Boden der Wahrheit zu werfen – sag niemals, daß ich Dich nicht anbete als meine Einzige und Beste. Ihr gebe ich nur eine Phönixstunde, sie ist nicht mehr als der Wetzstein meiner Stumpfheit, der Dir Toledostahl bereitet. Dir geb ich meine Tausend, meine Schönchen, meine Immerwährenden, meine Päonien, meine abgehärteten Perennien und meine frühempfänglichen Gebinde, die für eine solche Herrlichkeit blühen, wie sie allein aus Deinem Antlitz leuchtet (Videlicet, zur Kenntnisnahme: auch wenn sie hager, grau, zahnlos, ausgemergelt, mißgestaltet, verworfen, bösartig, verkommen und für niemanden erfreulich wäre, oder sei sie, im Gegenteil, hübsch, ehrlich, marmorstirnen, rotblühend, hell von Auge, von Haar gekrönt und venushaft bis hinab zum Stiefel – einem verliebten Mädchen gilt das gleichviel!). Für Dich reserviere ich jenes Keuchen unterm Keuchen, jenes Seufzen hinterm Seufzen, jene Aufmerksamkeit hinterm Anschein: Das Silber jener Wolke ist Dein – nimm es hin! Was kümmerts mich, auf wen es herabregnet! Mein wahres Ich ist Dein wahres Deiniges, und ich mag mich verausgaben in Busch und Knick, das ist nurmehr der Staub meiner Wirklichkeit, der Rauch, der vom Feuer kündet, das, mein einzig geliebtes Lamm, mein höchst vollkommenes und unerschöpfliches Anderes, Dir gehört, ich bin Dein! Du überwältigst mich!«

Sie überwältigt sie! Jawohl, und sei die Angesprochene auch schlaff wie ein Mohammedaner nach seinem hundertsten Ramadan, so gemäßigt wie ein Frost in Timgad, so listig wie ein Bischof ohne Stuhl, dennoch und trotzdem und abermals, wie sehr wird es sie überwältigen, da capo. Und wäre es auch von so guter Qualität und so scharf wie Madagaskarpfeffer, es geböte immer noch über sie, es kann sie treppauf kommandieren und -ab, zur rechten Seite und zur falschen, Versteckspiel oder ganz Aug-in-Aug, bei Mittmond und Mattnacht, bei Morgenröte und bei Tage, ja doch, es wird immer noch über sie gebieten, so gestochen ist sie vom Verlangen und so geladen bis an die Zähne, daß ihr Zuckerschnäuzchen sich Hackfleischtörtchen als Gürtel um die Hüfte hängen könnte, und sie würde sich als Pastete herausputzen und vor Entzücken in die Hände klatschen; oder hieße man sie, eine Perücke falsch herum aufzusetzen, so daß ihr das Gelock weit über die Nase hinge, sie täte auch dies, ein Lamm von hinten bis vorn, und alles mit demselben Ausdruck, der besagt: »Du kennst meinen flinken Schritt, meine wirkliche Wildbahn, meinen wahren Biß. Mein Einkommen und mein Auskommen unterliegen deinem Geheiß, bin ich doch nur der Schatten meiner selbst, wenn ich nicht an deiner Seite bin, und was ich bin, ist, weil du bist, und solltest du dich umwenden und mich nicht finden, so deshalb, weil ich das, was deiner nicht würdig ist, zu einer anderen getragen habe, die mich womöglich wieder strahlend pustet, so daß ich deinem Blitzstrahl wieder entgegenzuleuchten vermag, eine Sonne meinem Strahl!«

Nein – – – ich kann's nicht niederschreiben! Es kommt noch schlimmer! Mehr Bratenschmalz, mehr Weiche, mehr Lavendel, mehr malvenmang, noch eingeseimter, noch mehr Blumenstreu, noch puttenputziger, noch gräuslicher bar jeglicher Vernunft und jeglichen Verstandes, gar nicht zu reden vom Humor. Nirgendwo und in keiner Tasche bewahren solche ein Senfkorn jener Anwandlung auf, aufgrund derer sie sich ins Futter schneuzen könnten, sie können nicht glücklich sein, solange sie sich nicht in Melasse wälzen und wie eine auf den Leim gegangene Fliege durch hochrote Sümpfe krauchen, alle Beine angekettet und nachschleppend in der Gummilösung der Liebe!

Und genauso wie andere eine gemeine Zunge haben, so sind die hier zum Speien süß. Das eine machte der Kehle übel, das andere dem Herzen. Denn was vermag eine über eine Frau, die sich solcherart über den Purpur beugt und in solchem Maße Schmeicheleien ausstreut, daß die eindeutige Natur der Fakten entweder kandiert oder gezuckert wird bis zum Mysterium oder aber so besudelt, daß sie nicht gerade ein lohnender Fund sind? Gewiß ist es bewundernswert, eine Eingebung zu haben und eine Eingebung im Zustand der Verliebtheit, doch weshalb denn so witzlos über eine derart witzige Tollheit? Sie dräute doch nur umso gewaltiger, befreite man sie von ihrem Gekreisch, doch nein, sie können nur im Zustand der Betäubung. So neblig wie ein Weiher, so ausgezehrt wie eine Pumpe, so laut zwitschernd auf dem Draht, daß man die Botschaft nicht vernehmen kann. Und sei's drum!

31 Tage hat der

AUGUST

VERWIRRUNGEN

Was sie in ihren Köpfen, Herzen, Mägen, Taschen, Krempen, Laschen und Rockschlitzen haben, ist samt und sonders etliche Male kommentiert worden, auf dem Wege des Hinweises oder der harschen Vorhaltung, gepriesen, getadelt, episch, poetisch, pastoral, pamphletal, gestachelt und gestupst, zum Sprungbrett gemacht für jegliche Art von Vermutung, guter, schlimmer und gleichgültiger.

Manche halten dafür, daß sie auf keine Weise recht tun, haben, sein, denken, handeln, gehen könnten. Andere dafür, daß sie auf keine Weise falsch tun, sein, denken, handeln, gehen könnten, wieder andere scheinen sich zwischen zwei Stühlen zu befinden, indem sie sagen, sie könnten, könnten nicht, hätten, hätten nicht, dächten, dächten jedoch nicht, gäben und nähmen doch, seien gleichzeitig im Recht und sehr im Unrecht, so daß sie eigentlich zwischen zwei Zuständen hin- und herschwingen wie der Klöppel einer Glocke, von dem man niemals behaupten kann, er befinde sich irgendwo, sei's in der Mitte, sei's an der Seite, denn was ständig in Bewegung ist, befindet sich nicht lang genug in einem Ruhezustand, als daß man es entweder verdammen oder verklären könnte. Das ist es vielleicht, was sie zu wohl für die Hölle und zu flüchtig für den Himmel hat geraten lassen.

Sei dem, wie wolle, wir sagen, es ist ein grauslig Ding, wenn eine Frau sich die Gnade zwiefach schnappt vermittelst einer prahlerischen Zunge, denn gewiß sind solche in unserer Stadt am Klappern und laufen herum wie tolle Hunde, als seien die Liebe und ihre Begebnisse eine öffentliche Schmiede, wo aller Ohren beschlagen werden mit Worten wie diesen: »Sie ist soundso groß und soundso breit, und sagte sie doch, als wir uns niederlegten, um unserer Pflicht nachzukommen, das und das, und machte es dann folgendermaßen!« Oder als sei die Liebe eine Sägemühle, deren Staub einem jeden ins Auge geworfen gehört, oder als sei sie dazu angetan, in öffentlicher Versammlung zu erörtern, was von der Natur zwischen zwei Kissen verborgen worden ist. Noch der gemeinste Grobian, der schäbigste Kuppler oder dürrste Witzbold würde erröten und sich vor lauter Scham um ihretwillen das Schienbein kratzen. Derzeit erscheint es als und scheint und ist es wahrhaftig eine entsprechend traurige Chronistentätigkeit zu sagen, daß nicht alle Frauen proper und stubenrein sind, denn wenn eine Frau krank ist, ist sie kränker als jeder Mann, so wie ein vermoderter Kiebitz stinkiger ist als ein vermoderter Stock. Selbst der Kater kratzt, um seine intimen Geschäfte zu verbergen, düngt beiseite, um jene ernsthafte Notwendigkeit nicht bloßzustellen, die im Halbschatten geboren wurde und zu den Schatten geht.

Nein, keineswegs sind alle Frauen so scheu im Umgang mit ihrer Liebe, sondern nächtigen laut und gackern und krähen über die Letzte im Bette, als sei sie ein Ei und nicht ein Herzensschatz, und rennen darauf in den Straßen umher und posaunen alles aus über sie, die sich bei lebendigem Leibe windet, daß alle sie sehen und an sie hinpissen können! Oh pfui! Oh Schande! Sie beschmutzt alles, das sie mit den Exkrementen berührt, wie sie ihrem hoffnungslosen Zustand eigen sind!

Sie ist schamlos und schamversessen! Sie ist zügellos an allen Ecken und Enden, und nur umso schändlicher ist es, daß sie über zweie zugleich blökt! Und wenn der Mann nicht besser spricht, nein, oft und sogar noch selbstverständlicher diesem Hang folgt, dann ist das doch nur seine weinerliche Natur. Denn das, was ein Geheimnis ist, das verwundert, entsetzt, gesucht und hoch gepriesen wird, das wird ein Mann jagen, anspringen und beschmutzen aus schierem Kummer. Doch spricht etwa die Hand von der Handfläche, das Auge von der Iris, die Zunge vom Munde? Nein, das ist ein schmutziger Vogel, der seinen Finken beschmutzt!

Wie es wiederum einige Burschen gibt, die damit groß tun, daß sie eine Frau eine Menge lehren und immer noch etwas lehren könnten und deren ein und alles seien, so gibt es gleichfalls Frauen, die, nicht weiser, behaupten, daß sie eine Frau (stünde ihnen nur der Sinn danach) einiges lehren könnten; so ist es, wiewohl es mir traurig gegen den Strich geht, von einer zu berichten, die so heilsam ist für die Wunde wie Patience Scalpel, doch eine Tatsache, daß sie (an solchen Abenden, wo sie vor ihrem Lieblingstropfen saß, denn sonst hätte sie sich dazu nicht versteigen können) zunächst andeutete, dann behauptete und schließlich prahlte, sie könne selbst, obzwar in diesem Felde mit zwei linken Händen ausgestattet und eine Amateurin, die niemals mehr als gerade eben nur in die Materie hineingerochen habe, einer Frau geradesoviel bedeuten wie irgendeine andere, wobei doch das sanftgeschnurrte »Nein, nein, nein!« aus den Pelzen, die Dame Musset umgaben, sich ihr unablässig in die Flanke bohrte.

»Was«, sagte die ehrenwerte Dame, »kannst du schon davon wissen, die du nur gemannt hast? Vergiß doch bitte nicht, mein Herz, daß das Kamel unentwegt vor dem Nadelöhr steht und doch nicht hindurchkann, und eine Frau ist ihren Möglichkeiten nach der Proportion der Nadel wesentlich näher als der Mann.«

»Und dennoch!« sagte Patience.

In diesem Augenblick traten schlankweg Pro und Contra ein, High-Head und Low-Heel, die Gegensätze, denen man in dieser Frauenwelt häufig begegnet. Die eine (Low-Heel), die ständig die Meinung verfocht, daß die Frauen schwache und alberne Geschöpfe seien, aber doch gar so liebe, die andere (High-Head), die ständig geltend machte, daß sie stark, tapfer, zweimal so kühn wie ein Mann und ihm in geistiger Hinsicht mehrfach gewachsen, doch bei weitem nicht so wertvoll seien.

»Ich halte dafür«, sagte High-Head, »daß sie dem Ruch nach eine Voltairianerin ist, daß sie ein scharfes Aroma verströmt, ihr Sinn jedoch so von Gedanken und Einbildungen eingesponnen und durchzogen ist, daß die Welt von beiden wenig sieht, weil beide sich in einer Knechtschaft befinden, schädelhörig und kopfverstrickt. Ein Mann kann einem sagen, was er denkt, denn es kommt spinnend, ein dünnes Fädchen von ein und derselben Spindel.«

»Und ich halte dafür«, sagte Low-Heel, »daß sie sich aus eben diesem Grunde nicht einer eigenen Meinung anheischig machen sollte, denn eine Meinung ist ein einzelnes und angenehmes Ding, nicht zwei Wesen, Schädelhocker, die verdrießlich ihre Tage aufzehren.«

»Doch bisweilen«, fiel ihre Gefährtin ihr ins Wort, »ersinnt sie neue Dinge, mein Mädchen, und wie erklärst du dir das?«

»Sie muß doch wohl auf irgendeinen Gedanken kommen, da sie ihr das Lätzchen abgebunden und den Hosenboden vergrößert haben«, sagte die andere, »doch wenn schon? Sie ist doch nichts als nett!«

»Sie ist nahezu alles!« schrie High-Head, »Ist sie etwa nicht das kreisende Zentrum einer kreisenden Welt? Schwellen die Bienen etwa nicht an und blasen sich auf, wetzen ihre Rüssel und horten ihren Honig, um ihr Glühwein und Nektar zu machen? Ist der Wurm etwa nicht ein einziger schuftender Zoll, damit sie in Seide und Satin gehüllt gehen kann, der Seehund nicht geschmeidig ihrem Mantel zuliebe, und wird das Samenkorn im Kot nicht fett und birst zu ihrem Entzücken? Wie? Webt die Natur, die alte Hure, etwa nicht Tag und Nacht die Fäden des menschlichen Geschicks, woran sich diese Dämchen festhalten, Kinn und Schenkel, Himmelsschwimmerinnen überm Baum, der es hundert Jahre darauf anlegt, ihr einst den Sarg abzugeben? Große Mutter Gans, wie sie krabbelt!« setzte sie hinzu.

»Alle Neune und alle Zehne und Hahnengekräh!« rief ihre Braut aus, »Was schweifst du nicht herum! Solche Frauen, wie du sie beschreibst, erlebt man nur in Büchern oder scharrt sie mit dem Pflug auf oder sind nur in Schwarten mit dem Gänsekiel beschrieben, der, mit ihr, schon eine Million Jahre tot ist und Staub wie ihr Treiben! Und selbst dort noch – was haben diese Federfuchser denn von ihr gesagt, als daß sie irgendeine Art von Testikeln gehabt haben muß, wie krumm und schief auch immer, daß sie eigentlich als Mann aufgerufen worden sei und als sie geantwortet habe durch irgendein Mißgeschick oder eine monströse Tollheit des Fatums über eine Gebärmutter gestolpert und auf alle Zeiten dazu verdammt worden sei, sie mit sich herumzuschleppen wie der Sträfling Kugel und Kette, ob ihr das nun gefiel oder nicht?«

Der Rücken, rückwärts geneigt/Der suchende Arm/Die betörende Brust/
Das hungrige Herz/Der neckende Nabel/Die Liebe zum Leben/
Der schmachtende Schenkel/Das knieende Knie/Das bewegliche Bein/
Das geliebte Gesäß

»Weil, holde Närrin«, sagte ihre Gefährtin, »sie sie nicht gewähren lassen, sondern sie allenfalls als gutes Material auf der weiblichen Familienseite proklamieren und sie nur durch die männliche Pforte zum Verstand zulassen, wobei sie sie, so ist mir aufgefallen, desungeachtet, daß sie sie doch bewundern, mit Bemerkungen des Inhalts plagen, sie sei störrisch, ganterfüßig, wackelhüftig, unschön, ernüchternd, bärtig, faßbrüstig, lahmbeinig, schäbig gekleidet, gummigelenkig, raffzähnig, spreizfüßig, bartfädig, gelähmt, eine taube Nuß, zinkennasig und hängelippig, von Kopf bis Fuß unweiblich, für keinen schwindelnden, liebäugelnden Hansel geeignet, weißäugig, habe keinen Wind in den Nüstern als den, der ihre Lungenflügel herunterbläst, um sie zu einem Garnichts zu machen, und so weiter und so fort. In keiner Hinsicht seiner Leiden würdig. Denn ob in der Nähe eines Mannes oder fern von ihm, sie wird nicht nach seinem Geschmack sein!« Sie unterbrach sich. »Und woher, sagst du, kommen solche Frauen? Vom Keller heraus, vom Ehebett herunter, unterm Schlaf und überm Wachen. Vorbei an musterndem Blick und suchender Hand und auf und davon. Aus Vorratskammer und Brautschlummer, in Empfängniszeit und hohem Alter, aus Gasse und Gosse, aus der Patsche des Sumpfs und dem Innersten des Fenns, von allen Wegen und allen Pfaden, aus runden Türen und Falltürspeichern, von Heuhaufen und Kohlbeeten, von Königsthronen und Kontorschemeln, vom hohen Leben und vom niedrigen. Manche, indem sie Teekannen und Tischwäsche fallenlassen, manche Teedosen und Batist, manche Seetang und Safran, manche mit Trophäenschädeln und Erinnerungsknochen, Sammelgut verlorener Liebesmüh. Manche in Nachthemden und manche zurechtgemacht nach der Mode, manche erhitzt von der Hausarbeit und manche kühl von Entschlüssen. Tatsächlich ein paar von jeder Sorte, die in jenes weite Feld ausschwärmen, wo, neben einem zänkischen Märzgott, die erste der Sies einen Saum raffte mit kriegerischer Hand.«

»Das mag nur allzu wahr sein, was dich betrifft«, räumte
ihr Schatz ein, »aber dennoch, sind nicht etliche
auf ihre Posten zurückgekehrt?« »In der Tat,
und gar nicht wenige«, sagte High-Head,
»doch wie!«

Sie ist ein Fisch der Erde

30 Tage hat der

SEPTEMBER

IHRE GEZEITEN UND MONDE

Die ganze Lage der Frau ist so sehr dem Zufall unterworfen, so komplex und verdrießlich, daß man sie nicht einen Augenblick lang festlegen kann, ohne sie im nächsten falsch plaziert zu haben.

In der Jugend ist sie anmutig, gerade gewachsen, helläugig, lieblich von hinten bis vorn; ob groß oder klein, hell oder dunkel – irgendwie oder irgendwas nach dem Herzen. Doch es vergehen keine zwölf Jahresspannen, da sackt sie zusammen, zerdehnt sie sich, wird sie krumm und schief. Ihre Knochen werden trocken, ihr Fleisch schmilzt, ihre Zunge ist bitter oder trieft von einem verfemten Honig. Ihr Sinn ist verderbt dank einer liebedienerischen Existenz. Das Leben hat sie das Leben gelehrt. Sie hat sich damit angefreundet und auch nicht lange genug auf dem Rücken gelegen – obgleich sie doch die halbe Lebensdauer so verbracht hat –, um die Münze des Ätherischen zu bevorzugen. Sie war nicht dafür gemacht worden, am Himmel herumzuschwimmen, sie ist ein Fisch der Erde, sie schwimmt in Terra firma.

Doch in dieser armseligen Lage bereitet sie der ebenso armseligen Pein. Werden doch alle aus demselben Netz gefischt, und die eine wird zu einem ebenso schmachvollen Aschehäufchen wie die andere. Der Hüftknochen der Hl. Therese atmet nicht mehr Anstand als der von Messalina, denn die fehlende Pforte, die kein Mann je durchschritt, ist genauso nichtig wie der zugige Hohlraum, wo jedermann zu laden pflegte, und das Auge, das darum weinte, ist ebenso unbehaust wie das Fleisch, nach dem es schrie.

Es kommen und gehen keine Füße im Grabe, noch gibt es im Grabgewölbe eine zügellose Hand, und das hat lange Weile, also worum grämst du dich? Heute ist sie unanständig, doch morgen ist sie ungewollt auf immerdar.

Doch wir machen uns das Herz schwer um dessentwillen, was überhastet gemacht worden ist und ohne Bangigkeit, wie es im Mutterleib zugehen soll, und ohne den Wunsch zu wissen, wie es ihm zehn Wochen lang in der Erde ergehen soll.

Das also sind die drei Voraussetzungen, doch wir berücksichtigen einzig und allein die zweite, nämlich, daß sie ist. Was ist das dann aber anderes als nur ein kurzes Ausschlagen des Geistes, eine falsche Addition, wo doch zwei Ziffern ihrer Gesamtheit unberücksichtigt bleiben?

Wenn schon beim Manne die Eifersucht auf seine Frau eine gedankenlose und fehlerhafte Kalkulation ist, um wieviel sinnloser ist es dann nicht, daß eine Frau ohnmächtig wird, krank wird, zu wüten beginnt und sich zu grämen wegen einer Frau? Ein Mann mag wohl rasen aufgrund des kleinen Unterschieds, der immer fremd bleiben wird, doch eine Frau zerreißt ihr Unterhemd um einer Ähnlichkeit in einem Unterhemd und eines Geheimnisses willen, das unwiederbringlich ist in einem Maße, daß es schon das Ausmaß eines Geheimnisses annimmt.

Doch wütet das Feuer ebenso heiß hier im Garten der Venus, jawohl, mit einer gar noch trunkeneren und stürmischeren Flamme als unmittelbar im Felde der Natur; und wo ein Mann um seiner treulosen Frau willen vom Ende des Stricks abgeschnitten wird, da wird man noch am selben Tag zwei Maiden um eben desselben Mädchens willen vom selben Balken baumeln sehen.

Sie machen freilich nicht geltend, wie das in Familien Brauch ist, daß sie auf betrügerische Weise zum Hahnrei gemacht worden seien, Hörner trügen und einen Bastard nährten, denn eine solche Behauptung wäre mehr als sinnlos. Und wiewohl das für die Alten der zutiefst sitzende Stachel im Fleische war, sehe man sich doch an, wie eitel das Leiden des Menschen ist, man mag es drehen und wenden, wie man will, denn obzwar es zwischen Schwester und Schwester kein solches Stechen gibt, schreien sie doch geradeso laut, ja, lamentieren sogar noch ausgiebiger und wenden und winden sich, als sei der bloße Mangel eine ungeheuerliche Pein!

Was ist dies also anderes als schiere Eitelkeit und ein Sturzbad der Verzweiflung, das wir uns bereiten, und beweist das denn nicht, was immer der Mann auch an Gegenteiligem gesagt haben mag (indem er als Begründung die Legitimität seines Sprößlings vor der Richterbank ins Feld führte), daß das alles nur Lüge und der Sitz der Sache in seinem Stolz zu suchen ist?

Man nehme einem Mann den Vorwand, und er weint geradeso, wenn es diesmal auch eine desolate Melancholie sein wird, und eine, die nicht rechtet. Doch überdies ist es aufrichtiger, und je aufrichtiger etwas ist, desto härter schlägt es an die Rippe. So ist es auch mit der Frau. Sie haben keine Grundlage für ihre Eifersuchtswallungen außer der echten Bitterkeit jener Torheit, und wo sie weinen, geschieht das um der abwegigen Einsamkeit willen – der unbedachten Rückkehr ihrer selbst zu sich selbst, wenn sie es nur bei Lichte besehen wollen, was unwahrscheinlich ist, denn wo ein Körnchen Vernunft ist, da ist auch ein Körnchen Besserung, und wo ein Körnchen Besserung ist, da ist ein Hälmchen Gleichgültigkeit, und wo ein solches aus dem Boden schießt, da mag ein Garten des Vergessens sein, worin sich's befreit aufatmen läßt.

Desungeachtet haben wir uns so sehr daran gewöhnt, die Eitelkeit bei ihrem anderen Namen zu nennen, daß selbst eine Frau, die hinter einer anderen Frau herheult, uns keines Besseren belehrt hat. Und diejenigen, die in diesem Jammer darniederliegen, kehren sich geradeso gründlich der Wand zu wie Penelope, als sie ihren Gatten beweinte.

Es ist ein Labyrinth, und wir werden auch keinen Weg hinausfinden, obgleich wir jenen Weg schon seit langem kennen. Vieles Sausen der Spindel verdünnt den Faden der Verzweiflung, und vieles Springen des Schiffchens verwebt den Gram zur Absicht, doch wir wollen davon nichts wissen und treten das Pedal ohne Ziel und werfen das Schiffchen ohne Nahrung und weben die Luft in einen Umhang von Krankheit.

Wir schütteln den Baum, bis keine Blätter mehr daran sind, und schreien zu den Stecken; wir verstören unterdessen die Erde mit unserer Wut; unser Kummer ist ein stumpfes Fleisch, und wir werden nicht aufhören, davon zu essen, bis wir am Knochen der Erleichterung angelangt sind. Unser Friede sitzt nicht schon unter der Haut, sondern erst im Mark, wir sind nicht weise diesseits des *rigor mortis*; wir sinken nicht hinab in einen Fluß der Weisheit, sondern schwimmen allein im Jordan. Wir haben wenige Philosophen unter uns, denn unser Blut wurde zu dick gebraut, um die Weisheit zu befördern, die eine schwächliche Nußschale ist und nur flott macht, wenn der Weg bereitet ist und die Winde ruhig sind.

WELTENWEITERUNGEN

Die spitze Füchsin mit dem roten Rock
Der Honigkopf mit seiner Widderlock
Das Frätzchen mit dem Kinderraschelkleid
Wie eine Heuschreck in der Blätterzeit
Und Pantheraugen schwarz und gluh
Und Taubenfüßchen noch dazu
Der dralle Hänfling schwipp zu Pferd
Die stakse Ringerin, der Jährlingsstute wert
So fest und rückenrund und seidenglatt
Daß die Bereiterin dasselbe Rüchlein hat
Die Strahlenäugige mit männlich forschem Schritt
Die Zwillingshaften wie aus einem Schnitt
Die Bucklige in ihrem Narrenglück
Mit Possenreißerinnen vor und rück
Hoch am Trapez, und Jungfer Tausendschön
Auf ihrer Azurkugel frei im Stehn
Die Königin, die aus des Gatten Zackenkron
Beseligt biegt den schmiegen Mädchenthron
Es dreht sich weltenweit das lange Sternenjahr
Planetenhaft um eine Mädchenschar
Und die Prognosen aller Tiden
Sehn nicht viel anders aus hienieden!

Oktobergott

31 Tage hat der

OKTOBER

Es gab einmal eine Zeit, da war die Frau noch auf die ungezähmte Rippe eingestimmt, die sie schuf, und im Einklang mit jeder Natter, jedem Löwen, jedem Tiger, jedem Waldgeschöpf, jedem Wasserwicht, jedem Himmelswanderer; jeder Apfel war ihr ein ganzer Aberglaube, und um jenen Knochen zu beschwichtigen und zu zähmen, flüsterte sie: »Herr! Herr!«

Doch ein Weilchen nur, und sie ist greulich schamlos. In dem Maße, wie die Erde ihre Generationen hinabsaugte, Leib um Leib, schwand der Hohlraum für den Zündstoff des HERRN. Jeder geschwätzige Bursche mit einer Laute untendran, einer Handvoll Rüschen, einem abgespreizten Knie und einer wallenden Feder konnte ihr mit einem einzigen Vers die Erdnähe einsingen, und tatsächlich wird das, wessen unsere Minnesänger sich als schuldig betrachten müssen, vielleicht, zusammen mit Cäsars Tibia, einen langen lethalen Äon unverbrieft im Grabmal von keines Mannes Gedächtnis liegen. Er war Herr-Meiniger und Sperlingsmännchen ihres Erbebens, er war zugleich Natter im Grase und Pippinapfel auf dem Zweige, er war der unschlüssige Keilfuchs und der Riegel vor der Türe und die gewaltige, berstend volle Vorratskammer, darin sie mausend saß, Nagemaus von Pein und wieder Pein.

Und immer noch gingen ein Leib und noch ein Leib unter, und sie verlor gleichermaßen Gott und Mann. Von so verwürztem Appetit, daß keine Speise ihr zur lockenden Mitgift wurde. Gott ging vorbei, und der Mann ging vorbei, und die Mutterschaft ging vorbei, als wär's bloß der Staub unterm Absatz eines elenden Marschierens, und sie sah, wie sie dünner Pfannkuchenteig wurde und Danke-hab-schon-Brot, und sie lehnte sich an ihren Fensterrahmen und weinte aufs Bitterlichste. Sie stieg die Treppe hinab, jede einzelne Klagestufe, und ging hinaus in die Straßen, vorbei an Laternenpfahl und Säule, und sang und schluchzte: »Auprès de ma blonde!« bei Kurzwarenhändler und Fleischer. An jeder Pforte und jedem Pfosten wehklagte sie und summte, die Hände auf den Mauerkappen, im Vorübergehen und unter Beweinen, und ging doch weiter und hörte die Lerche singen und horchte, bis es der Reiher war, der beim Weiher schrie, und die echte aufsteigende nächtliche Nachtigall des Nachtanbruchs. Die Vögel waren fern der Erde, und der Himmel war bedeckt von südwärts ziehenden Krallen, und sie setzte sich nieder, wo der Weizen nicht aufkeimte und nurmehr wiedergekäutes Futter in einem Wintermaul war, und sie sah, daß ihre Jahre stiegen, und sie wandte sich wieder heimwärts, und gottlos und furchtlos machte sie Furcht und Gott aus dem gelben Haar von Dame Musset und wanderte unterdes über die graslosen Soden ihres Gartens und beugte sich hin und wieder über die Sonnenuhr ohne Stunden oder beugte sich über den Springbrunnen, der niemals jenen sanften Sprühregen versprühte, nach dem er und sie lechzten, oder sie ging einfach nur spazieren, die Hände wohlumhüllt von den Falten ihres staubfarbenen Männerbanners oder, wie er ursprünglich registriert und patentgeschützt worden war, ihres Winterwollenen-für-die-Frau-über-Vierzig.

So ließ denn Daisy Downpour, denn so mag sie ebensogut genannt werden wie jede andere auch, ihre mausfarben-ungenügend-hemisphärische Haarmenge herunter, schauderte sich die eine Schulter frei und entblößte so vor dem starren Blick Dame Mussets (hätte die geguckt) die maschinengehäkelte Pracht eines Paars annähernd rosafarbener Unterkleider, die in der Knüpfung bis auf gute vier Dezimalstellen verlockend gelockert waren. »Wenn das«, sagte Daisy, »mir Gott nicht sichert, dann sollte doch eine leinene Rose, zur Stunde, wo mein Lieb des bedarf, hinübergestupst, sie auf meinem Erdboden auftauchen lassen!«

Und indem sie die warf, ging Dame Musset herum und immer herum. Unter den Fuß geriet sie und in die Erde hinab stieg sie und darin abwärts, während Dame Musset immer noch auf und ab schritt und über das Auge eines Mädchens nachdachte, von dem sie die Milch der Liebe abgeschöpft hatte, und darüber, ob sie nun abermals durch die *Impasse des deux Anges* promenieren und dem bettenlüftenden Drang besagten Mädchens vertrauen, sie herbringen sollte, in der Frauenhaube und eine wahre Juno an Busen, zum äußersten Fenster im dritten Stock, von welchem Ausguck Dame Musset sie zuerst erblickt hatte, wie sie das kleine Küchenmädchen im Spülküchenfenster gegenüber mit einem Hausfrauenzwinkern bedachte, nur daß die Bettenlüfterin ihre Listen und Tücken dann um eines kurzen, aber gedeihlichen Blickes in Richtung Musset willen von dem Mädchen abgezogen hatte – oder sollte sie nicht? Denn Flanke auf Flanke, Jude auf Christe hatten durch ihre gesamten herrschaftlichen Vorfahren hindurch sich gebettet nach der Weise manch einer aristokratischen Arterie, die sich quer über eine rohbürgerliche legt, so daß sie nun die Ungewißheit in den Hufen ihrer Füße hatte, von denen der eine heidnisch und der andere damenhaft war, und doch fischte, ehe sie innehielt, um nachzudenken, und den Köder aus dicken Gewässern zurückzog und aus dünnen, in der einen Vene voller Wohlgefallen an dem Hausmädchen und in der anderen lechzend nach Vornehmheit.

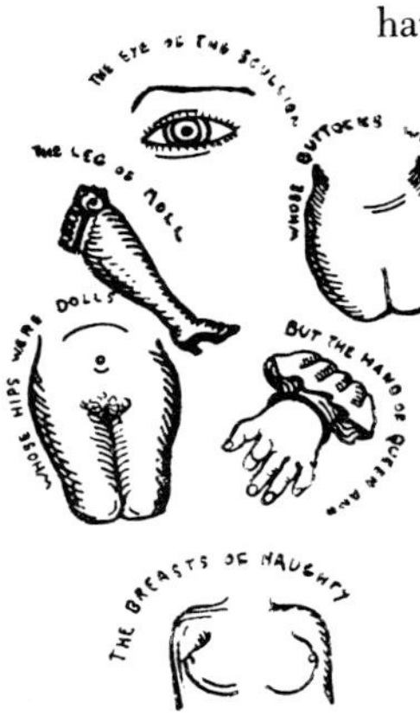

Das Auge des Küchenmädchens/ Das Bein von Moll/Deren Hinterteil einem Mädchen gehörte/ Deren Hüften die von Doll waren/ Die Hand jedoch von Queen Anne/Die hochmütigen Brüste

Nein, es war unter ihrer Würde! Und ebenso das spähende, hinübergerichtete Auge Daisy Downpours, denn die war im *Arrondissement* als Korsettmacherin bekannt und eine Frau dermaßen aus dem Volke, daß sie an ihm gehaftet hatte, Handfläche an Handfläche, bis hin zum allerersten, der Orchideen in sein Bohnenbeet zu pflanzen beschlossen und damit den ganzen anstrengenden Unterschied geschaffen hatte zwischen Dame und keineswegs Dame.

»Ach und nochmals ach!« seufzte Dame Musset, »Sich vorzustellen, daß blaues Blut einem so viele unerreichbar macht! Wär ich doch eine unmittelbar aus lordlichem Geschlecht, dann könnte ich ihr den Knopflochorden verleihen und sie somit, wie ein Kalb am Strick, das nur zögernd weiterwill, an mein Bett befördern, hindurch durch das Land Unbekannt, hinweg über die Hecke Wiedasdenn, schlüpfend und schliddernd vorbei an der Zone Gehörtsichnicht, und hinein wenigstens mit einem Bein, bis dann, durch generative Inkarnation, das Kalb zum Paradiesvogel würde, um die ganze sich mausernde Liebe auf meine spartanische Brust zu legen, dort an der Brünne meines Herzens zu zupfen, bis das Visier gehoben wird – doch nein!« dachte sie, »Jetzt bringe ich meine Rüstung da hinein, das ist jedoch ein anderer Punkt!«

Immer noch ging sie auf und ab. »Wenn«, sagte sie, »ich den Topf mehr dem Herzenswunsch entsprechend modeln könnte, dann hätte ich das Auge meines Küchenmädchens im Kopf des Gegurres, dazu die hochmütigen Brüste über den Hüften von Doll auf dem Bein von Moll mit den Schienbeinen von Mazie unterhalb des Auges des Küchenmädchens im Kopf des Gegurres. Das Hinterteil eines Mädchens, das ich ausgleiten und schliddern sah an einem Entblätterungstag im Herbst, als sie auf dem Weg zur Andacht in den Seitenschiffen der Kirche von Saint-Germain-des Prés war, um auf der Rückseite der Hüften von Doll zu liegen zu kommen, auf dem Bein von Moll, deren Schienbeine die Mazies sind, alles unterhalb des Auges des Küchenmädchens etc., dazu die rüpelhaften Teile eines herumtollenden Weibsstücks vom Pluckford Place an der Vorderseite des Rückens, der ein Mädchen war, das an einem Entblätterungstag gesehen wurde, alles unterhalb des Auges des Küchenmädchens, und die hochmütigen Brüste über den Hüften von Doll mit dem Bein von Moll, deren Schienbeine die Mazies sind, unterhalb des Auges des Küchenmädchens im Kopf des Gegurres. Doch die Hand«, sagte sie, »muß die von Queen Anne sein, damit sie das Kleid mit der angemessen eleganten Geste glattstreicht, die notwendig ist, um die dortigen Hüften zu bedecken und den rüpelhaften Teil etc. und die Dinge, die dort getan wurden! Oh monströser Topf!« seufzte sie, »Oh hassenswerter Töpfer, oh raffinierter, raffinierter, raffinierter Spaß, daß er, einmal in Stücke geschmissen, einem auf der Nase herumtanzen, und wenn einmal zusammengebacken, auf ewig die Grille einer andern sein muß! Wir sollten imstande sein, uns unsere Damen zu bestellen, wie es uns gefällt, und nicht, wie sie gerade kommen. Könnte denn irgendein Zufall je so erlesen sein, wie ich auszuwählen und zu bevorzugen verstünde, wenn dieser Liebling, in Stücke zersprungen, auf einem Bein-Tresen und einem Kopf-Regal liegengeblieben wäre? Ah, wie könnte ich auswählen, würde man mir nicht auf Schritt und Tritt einen Aufpasser beigeben und auf die Finger klopfen!« Doch niemals wählte sie bei ihrem Streifzug auch nur ansatzweise wenigstens eine Sehne, ja nur ein Brustbein oder einen Hüftknochen von Daisy Downpour; und durch soviel Gleichgültigkeit, auf Verachtung gegründete, wurde sie erst Gott, dann Gott der Allmächtige, dann Gott der Sprachlosmacher und noch später Gottstehunsbei und schließlich Gottverdammt für Daisy Downpour. Jahraus jahrein lehnte sie in ihrem rosa Häckelmusterunterleibchen und sang »Auprès de ma blonde«, und Herbst für Herbst warf sie eine zerfledderte Leinenrose, und Zeitalter um Zeitalter wurde sie gottbesessener und dämonsuchender, bis Dame Musset, die in gewisser Weise eine pferdlose Amazone war, sie mehr fürchtete, als sie sie wahrnahm, und sie doch mehr wahrnahm, als sie sie mochte, und sie überhaupt nicht mochte. »Die Frau da«, sagte sie zu ihrer Tollheit, zu Señorita Fly-About, »weiß, wann ich gehe und komme, wann ich zu Bett gehe und aufstehe, und das einzige, worum sie mich in diesen zehn Jahren gebeten hat, ist, daß ich an dem Tage, wo ich ein Bedürfnis nach ihr verspüre, einen Geranientopf auf meine Fensterbank stellen möge, und dann werde sie im Fluge zu mir kommen, eine Steinfrucht von einer Juno im Flanellunterzeug, um mich zum Schmelzen zu bringen, sollte ich, wie gesagt, diesen Zustand durch ein schlichtes rosa Geranientöpfchen auch nur andeuten, das auf meine Fensterbank gestellt wird und ihr Auge jetzt schon so lange und unermüdlich in diese Richtung gezogen hat, daß ich befürchte, demnächst wird sie sich einbilden, die Blume wüchse dort tatsächlich, und für den Fall einer derartigen Katastrophe«, sagte sie, wobei sie in ihre Pelze sank und eine Duvetinedecke über sich zog, »werde ich Freundinnen brauchen, Freundinnen von noblem Charakter, so herdenstark wie Alsenrogen und sämtlich von unerschrockenem Gemüt und hoch und spitz von Absatz. Alle Frauen«, apostrophierte sie, »sind nicht alles Frauen, und ich befürchte, daß in jenem Busen dort drüben, der sich über ihren Fensterrahmen hinauslehnt, ein Garten der Hoffnung heranwächst und daß sie mich mit dessen Hilfe krönen will und federn mit den Schwingen himmlischen Ruhms, nur um mich mittels eben dieser Vorrichtungen zu zerstören, denn im Gemüt«, sagte sie, »der zweimal verlorenen Frau gibt es nur eine Furche, worin ein Samenkorn aufsprießen kann und viel tote Materie, um es zu ernähren, und ach!, in jenem irdischen Schädel, jener Fontanelle einer Babyladyfrau wächst nur ein Unkraut, ich!«

»Haben Sie keine Angst«, zwitscherte Mazie Tuck-and-Frill, »Sie werden gut umringt sein.«

»Gott steh uns bei«, sagte Patience Scalpel und leerte ihr Glas, »nicht eine tüchtige, hammerwerfende, diskusschleudernde, kecke Vorhaut unter euch!«

»Oh höhnisches Geschick und falscher Wurf! Ist denn der Lendengurt der Venus dazu da, eine Steinschleuder zu knüpfen und mich in mein Verlöschen zu schleudern? Soll ich in mein Grab gehätschelt werden, in der Klemme sitzend und einem Meter warmem Frauenpelz?« schrie Dame Musset, »Alles in den Wohl-oder-Übel-Jahren, wo ich nurmehr die Zollstelle vorfinden sollte, nimmer aber eine gerissene wegelagernde Schlampe im Dunkeln, die Schlingen legen und mich schnappen will, keinerlei verlangendes Lungern an Drehkreuz und Zollschranke, an Türschloß und Schlüsselloch!«

»Die Zeit vergeht!«,
sagte Patience.

FRÜHLINGSFIEBER, LIEBESTRÄNKE UND WINTERGELAGE

Ja, war das denn dasselbe in der Glücksstunde der Welt, als Wellhornschnecken wisperten am Rande der Nacht, in der Wiege des Zeitmeers schaukelten und ihr Irrlicht annahmen in all dem Fluxus von Tempus und Tide? Die Schlichtheit der Natur hielt sie umfangen, vom Scheitel bis zur Sohle. Was sie ausgaben, war bloß die Erde, die Weile hatte, bis, ein paar Milliarden Verbesserungsjahre später, Königin-Mann und Königs-Frau, nachdem sie für die Verschlimmerung geschuftet und einen Skandal aus der Fortentwicklung gemacht hatten, unter den Glocken der Brautwache und des Leichenschlafs, Butter und Senf auf dem Almosenbrot, dem mildtätigen, in der Vorratskammer ein kaltes Ende höchst merkwürdigen Hammelfleischs nach dem anderen stibitzten, um den Aufstieg zum Dirnendienst fetter zu gestalten oder um ihren Pips aufzumuntern durch das Versprechen der Überfülle, ihren Kitzel zu zügeln durch milde Stränge, das Haarband ein Minütchen zu spät angebracht, das Fäßchen fürs Passah-Mal schmierend – vom Schleim bis hin zum Traum ein einziges langes Mysterium von einem Äonstopf, der da dampft, geschultert vom Lamm, auf daß es vorangehe mit uns, Hand über Hand empor zum Standard, um dort Bäh zu machen übers Blöken, bis, sagen wir, wir in einem Anno Domini auf dem Präsentierteller vorgeführt bekamen, daß die Christen derzeit nichts halten vom Kopfsprung, um den Pippinapfel in Badewasser und Kuhtrog anzubeißen; während nur gerade einen Gedanken rückwärts der Heide in längst vergangener Zeit Mystik auf Magie häufte, um dasselbe Ergebnis herbeizuführen – will sie oder will er nicht?

Also Liebestränke und Schnapsschlucke und wohin, woher für Maiden, gänzlich verloren in den Lumpen der Liebeshoffnung. Schlucken sie nicht Schlucke vom vorjährigen Schnee, vom vorjährigen Bitter, befleckt von Sassafras und geelendet von Shag, um den holprigen Fahrweg zu wachsen, auf dem die Liebe scheut im Handgalopp, um sie zum warnenden Beispiel von sie liebt mich, er liebt mich zu machen und des nicht zu nicht? Manche gehen in Achketten und Wehankern, halsgebunden und nachtgeschunden, Daumen besorgt und Lippen zerborgt, um des Guten willen, das dies auf den Knien des Morgen abwerfen könnte oder an den steifen Hals des Glücksgotts. Doch Liebestrank auf Stammelmund, und Hoffnung auf Zuckung und umso mehr über die Schulter fortgeworfene Schalen, desto mehr einem Mädchen verfallen. Und daß man sagt: Enträtsel mir dies oder vermuschel mir das, und denk dir das Gebräu, wie immer du magst, hicks hic iacet, gar nichts bringt es zutage als eine Null mit 'nem Schatz auf dem Buckel.

War da ein Flüstern von Ellen oder Mary, von Rachel oder Gretchen, von Tao oder Hedda oder Bellorinabella oder Tankred von Injen in den alten Winden oder von Ehefrauen, die der Ehefrau eins wisperten? Was steckt vor Christus denn in einem Namen? Waren alle Verrichtungen eines Giganten die eines Mannes und keine Berggipfelmauserungen eines gut an die Hacken gepappten Gobelins? Um nichts und weniger von den Mythen zu sagen, die zungenverschwistert waren mit Mädchenrede oder ein Blütenblatt vom Hundefenchel, das eine doppeltverhängnisvolle Brise sucht? Landein blasend um der Spur willen und landaus um des Dufts willen und mit der Nase zum Boden tauchend, um der Spur ihres Begehrens willen? Hupf über Bluff und hops über Moor die Wasserrinne hinabstolzierend zur Zierde einer Allee. Wirbelnd und johlend kündend von einer Miss mit ihrer Misses? Keine Zeit ohne Gott, kein Ende ohne Christus!

Im Maul der Höhle wurde es gerüchtweise verbreitet als Liebe-ums-Haar, als der Schenkelknochen der Mutter der Tochter die Leviten las und das Brustbein der Wünsche Schwachschwestern Wohlbehagen verschaffte.

Wir haben es herausgeschnippelt aus einer Grasbrise und herausgesammelt aus der Braue eines Bluffs, Blatt für Blatt, unglaubliche Herbste tief, vergessen von jedermann bis auf die Bluthunde der Herleitung, daß gar Priscilla zu einem Spinnrocken bereit war und ihren Johannes nur durcheinanderbrachte, denn ihre Johanna im Küchenschrank wäre keinem Hund einen Knochen wert gewesen.

Wintergelage auf Sommerhungern bringt alle Bücher zum Mahlen, und gieß die Molke ab, wie du willst, deine Hände werden den Butterfleck aufs Konzeptpapier der Beichte drucken. So iß denn deinen Wintersalat und sag deine Frühlingsperlen auf, such deinen Spiegel oder steh zur Mitternachtsstunde in der Kälte oder leg dir was du willst unters Kopfkissen, um was du kannst im Morgengrauen davon zu wissen, oder sieh den Mond über deiner Schulter an, wie er herumstreift und die Welt jagt um eines Omens willen, du kriegst sie schon, du bekommst sie schon, und wirst sie schon nehmen und verlieren, du wirst sie um ein Tüttelchen verfehlen und um eine Klafter darüber hinauslangen, unterbewerten, überschätzen, heißen Bettes oder kalten! Der Zweig biegt sich nicht, es sei denn, um jemanden durchzulassen, und einige müssen vorangehen, und manche müssen danach kommen. Und wieso ist der Dschungel so zweigig und im Weg, wenn nicht deshalb, weil ein Bison und ein Bison und ein Bison vorbeikamen?

So nimm also das erste Haar von deinem Kopf und kochs mit Stutenmilch und wickels in eine Serviette und bring die Geiß von drinnen nach draußen, und dann pflüg der alten Mutter sechs Pfannen ihrer Erde durch und hart an der pelzigen Seite leg den Flor über die Enden der Hörner, und darüber wirf den Spähblick einer zweifelsfreien Sappho, herausgezwinkert aus den Eintöpfen der Geheimen Griechenkraftbrühe und irgendeiner Reinette von Lesbos, um ein Hochkommen bei der nahbevorstehenden Wiederauferstehung zu erzwingen, und zieh dir ein Hufeisen an, damit du die Glücksstute beim Galopp im Trab reiten kannst, und wenn die Masse blubbert und an der Lippe des Flusses bebt, nenn sie den lieben Cyprian und nimm sie auf der warmen Seite unter deine Flügel und abere ihr keine Abers hin!

Oder hättest du gern weniger Probleme?

Hinweg mit dir, Mädchen!

Weisheit/Die eroberte Frau/Liebesqualen/Bedrohlicher Fels

30 Tage hat der

NOVEMBER

EBBE

Kan man sagen, auf welchem Pfad, unter welchem Busch, neben welchem Graben, unter welchem Berg, durch welche Menschenmühe und Sklavenarbeit der Mann auf die Fuchslöcher der Weisheit und bisweilen gar auf ihre ureigenste Haut stieß? Nein, das läßt sich nicht sagen, weil etliche ihre strahlende Jugend damit verbringen, sie zu suchen, während die Frau ihre strahlende Jugend damit verbringt, sie strahlend zu meiden. Und mit fünfzig, was hat der Mann da, wenn nicht lauter Weisheit, und was hat dann die Frau, als auf plötzlichere und folglich angenehmere Weise ebenfalls diese Weisheit, denn zum Mann kommt sie mit der Heimlichkeit eines tiefen Schlafs, und in einem Schlaf befindet er sich, wenn er nickt, daß er sie eingesackt hat, doch zur Frau kommt sie, wenn sie keine Veranlassung zu Kindern hat und nicht säuglingstauglich ist.

Dann ist sie weise!

»Welch Glücksfall von einem Augenblick!« sagte Dame Musset, als sie mit gut fünfzig ein langes Stück Strand um sich erblickte. »Was für eine Droschkenfahrt, wenn man keine Adresse hat, was für Stecken in der Hand, wenn die Hügel herabgekommen sind. Nun«, setzte sie hinzu, »da dieser gemarterte alte Weinschlauch das Ausplündern nicht länger leiden kann, werde ich mich allerdings um die Welt herumdrehen und -tändeln, was das Zeug hält! Doch«, so sinnierte sie, »was ist diese Sicherheit und Weisheit wert, wenn sie vor dem Pferd dahergeritten kommt? Die Frauen müssen davon wissen, ehe sie können! Und hol's der Kuckuck!« sagte die wackere Dame, »Ich werde die Glocken von Basan läuten ob dieser Entdeckung und durch meine ganze Stadt hindurch ein solches Ächzen und Gebimmel erzeugen, daß jede Frau die Korsettstangen lösen und sie vor lauter Ergötzen ans Fenster hängen wird!«

Folglich machte sie sich auf, um durch die Stadt zu gehen, den Stecken in der Hand, die Bärenfellmütze tief über das eine Auge gezogen, und während sie so umherging, sprach sie mit Frauen, inhäusig und aushäusig, und gab ihnen über viele Dinge Bescheid, von denen sie noch ganz lange Zeit nichts zu erfahren gehofft hatten.

Manche weinten um der Liebe willen in Tücher, und andere wieder schwammen hinaus in einem Schluck Grabenwasser und holten sich ihre Tode durch Ertrinken oder hingen baumaufwärts an Galgenstrikken und Brunnenseilen und Drachenschnüren und an Wassertrossen, und noch andere starben in schwarzen Handschuhen, oder aßen köstliche Schmankerl, in aller Eile zusammengerührt mit Schierling aus einer Vorratskammer, die niemals mehr knarren würde unter ihrem Saum, und wieder andere bohrten, Asche durch Staub und Kies durch Steinwaage, nach einem Grab, hinabtauchend zwecks völliger Bedeckung, oder knieten über schräggestellten Spiegeln und fragten die weltweise Lüge oder gingen in ihren hübschen Kleinigkeiten Rumpf hoch, Herz runter um des Kummers und des Schmerzes der Verlorenenliebesmüh willen, während Dame Musset auf dem Holz eines Dornstrauchs saß (und nimmer um irgendetwas weiser), auf daß sie vielleicht ein Mädchen retten könnte oder etwas dergleichen, ehe es in der üppigen Welle gebadet oder sich einen Mundvoll vom Wirrwarr der Versuchung einverleibt hätte.

»Mädel!« sagte sie zur ersten, die sie nahen sah, »Das Fleisch auf deinen Knochen kündet schreiend vom Frühling im Fett, doch könnte ich dich vergiften mit dem Fangzahn des Wissens, dir in deinen Zwanzigern ein Bein stellen, so daß du tief im Morastigen zu äsen kämst, das ist Alte-Mädchen-Weisheit, wie gern täte ich das nicht, hochgemut und mit Vergnügen, also«, sagte sie, »rat mir dies: So lahm wie eine Gans, so reglos wie ein Stillstand, so rasch wie eine Uhr und so naß wie ein Bach, so weich wie ein Mausestiez, so hart wie ein Herz, so salzig wie eine Speckseite, so bitter wie Galle, so süß wie der Weg hinein, so sauer wie alter Cidre, so lieb wie ein Liebling, so gemein wie ein Furunkel, was immer da ist und nicht in Sicht, was so hell ist wie ein Kopftuch und so dunkel wie eine Krähe? Das«, sagte sie, »ist die Liebe, doch«, fügte sie hinzu, »rat mir dies andere: Was so kühl ist wie ein Kuheuter, so gescheit wie ein Page, so ruhig wie ein Groschen, so selbstgewiß wie Ganz-wie-Sie-meinen und Recht-wie-Sie-haben. Weisheit. Und was willst du haben?«

Doch sie wollte nicht zuhören

Doch das Mädchen wollte nicht zuhören und sagte Hüh! zu seinen Ochsen. Darauf ging Dame Musset in die Petticoat Lane, gleich bei der Breach-String-Alley, wo der Spülicht der Welt in einem Dutzend Schubladen im viktorianischen Stil enthalten ist, Bein um Bein und eine prächtige Lücke zum Umspannen. Und als sie ein junges Ding sah, das vom Markt kam mit nur wenig in seinem Korb, um es vor dem Verhungern zu bewahren, außer einem ganzen Ochsen mit herausgestreckter Zunge, ein einziges Steißstück bis zum Bruststück mit einer Rosette in der Falte und einem ganzen Überblick über den Himmel im matten Licht seiner Augen, ganze Faden tiefer Weisheit in seinen Augäpfeln vom lieben Eden, anderthalb Ries Kaldaunenfleisch, das drei Mägen weit zurückreichte, und dazu einer schweinsblonden Blase fürs Baby, um das Vieh nach Hause zu rufen, und einer Runde Hasenfell, um Papa einen Mantel zu machen, dazu einem Futtersack voll Mohrrüben und einer Kumme Roggen und einer Mühle auf dem Rücken, um die Äpfel in ihrem Winteracker zu worfeln zu Fäßchen von Hausgebrautem für einen Gast und einem Geheimnis für den ganzen langen Winter – zu dieser also sagte die Musset, während die Gänse sich linkisch zusammenscharten: »Halt, Mädel, du hast noch viel zu lernen, ehe du jenes Futter die Kehle zu deinen Eingeweiden hinunterstopfst, und das dreht sich um die Liebe und ihren Kummer, welche, meinen neusten Befunden zufolge, in eine Angelegenheit weder der Tränen noch der Schüttelfröste verwandelt werden können, so hör also zu und sag ja, während ich dich, für Keingold, so weise wie deine Mutter mache, also rat mir dies –«

Doch das Mädchen wollte nicht zuhören und sagte: »Kzzt!« zu seinen Gänsen, und Dame Musset ging weiter und in die Highhip Road hinein und erblickte dort auf den Stufen des Palastes Mädchen aller Arten inmitten ihrer Lautensaiten und Samtstoffe, ihrer Krethis und Pletis von Sodom und ihrer Rockschöße von Gomorrah, und alle verbargen sie einen Brief, und keine von ihnen war zwanzig, und alle hatten sie das Auge des Jagdhunds und das vernagelte Herz und das Taumelige derer, die in den Weidegründen der Hoffnung eingepfercht sind, bereits weit vorangekommen auf dem Weg zur Schlachtbank des Alles-wissen-und-alles-probieren, und Dame Musset wurde außerordentlich traurig, obgleich keine Ader blutete, denn das Wissen hatte sie abgekühlt vom Perron bis zum Schornstein.

»Mädels, Mädels«, sagte sie, »jetzt haltet inne, um zuzuhören, ich bringe keine andere Trompete als die meiner Botschaft. Ich bitte euch, laßt euch am Rande jenes Palastes nieder, wie die Tauben auf der Brüstung, bis ihr mit mir gesprochen habt, denn ich bin gekommen, um euch von der Liebe und der Torheit der Liebe zu erlösen und den großen Anfällen von Bedauern, die sich zusammenbrauen wie der Donner und entrollen zu schrecklichen Bannern, um euch zu verdammen. So ratet mir dies –«

Doch die Mädchen wollten nicht zuhören und lupften fegend die Röcke und wandten sich ab, und Dame Musset ging noch weiter, bis in den Brambelly Grove, wo Frauen Frauen sind und sämtlich damit beschäftigt, den Kummer zu geißeln, der der anderen daraus erwuchs, daß sie mit X-Beliebigem vorliebnahm, wie Leintücher lagen sie über Buchshecke und Rosenstrauch, ein einziges entehrtes Geschrei, das da kreuchte.

»So hört doch auf!« rief Dame Musset, »Obgleich das ein seltener Anblick ist und einer, den ich nicht für Schenkel noch Schienbein hätte missen mögen, doch ich hab's ja gesehen, und das genügt, also erhebt euch, herunter mit dem Arm, ich bin gekommen, um euch etwas mitzuteilen, das aus diesem Geschäft ein läppisches Prügeln machen wird statt des Beweinenswerten, so ratet mir dies –«

Doch sie wollten nicht zuhören, und die Peitsche fiel, und die Mädchen weinten, alles in den Hecken von Brambelly Grove.

So ging Dame Musset denn weiter, bis sie zum Wellover Square kam, wo sie eine Madame in Fäustlingen sah, die gerade bei den Pforten der Regierung ihren Tee nippte. Sie blieb stehen, und als wäre sie ein Ausrufer von Alt-London gewesen, sagte sie zu ihr auf nämliche Weise: »Madame, ich werde Ihre Zeit nicht damit verschwenden, daß ich welche von Ihnen erbitte. Heute morgen, gerade als die Uhr die dritte Dämmerstunde schlug, kam ich herab von den kreischenden Winden der Lebensturbulenzen, ein Wimpel in keiner Brise, und ich erkannte, wie und auf welche Weise ich der Welt all ihre Prüfungen und Mißhelligkeiten ersparen könnte, und zwar selbst denen, die albern genug sind, in einen Mann verliebt zu sein und noch einen Mann. Diese Weisheit kam wie die Schafe aus dem Pferch, und der Jagdhund der Pein sprang von der Brust einer frischgebackenen Braut. Ich habe freilich, wie alle über fünfzig, Vergnügen daran, zu wissen, worin ich geirrt habe. Nur, hätte ich dies Wissen gehabt, als ich zehn war und noch nicht einmal zehn, ich hätte doch prächtigere Nächte gekannt und die Tränen hätten nicht meine Leintücher vergeudet und mit schlimmem Duft erfüllt, also schenke ich sie Ihnen: Wünschen Sie sich nie etwas anderes, als was Sie haben, haben Sie nie etwas anderes, als das, was übrigbleibt, und lassen Sie nichts übrigbleiben. Weisheit ist Gleichgültigkeit, das einzig Lästige daran ist«, sagte sie und schwieg einen Augenblick, »die ungewöhnliche Weise, wie sie das Bett füllt. Denn heute morgen, noch keine halbe Stunde, nachdem meine Weisheit auf mich gekommen war, rissen zehn Mädchen, um die ich mich vor nur einem Monat flüchtig bemüht hatte, an meinen Jalousien –«

»Ach ja«, sagte die Madame und tat noch ein weiteres Stück Zucker in ihren Tee, »ich bin sechzig, und in meinem Alter sind sowohl die Jugend wie die Weisheit vorüber, und man bringt eine dritte Saat zum Reifen.«

»Gott bewahr uns«, rief Dame Musset, »ist da immer noch etwas zu lernen in dieser Welt?«

»Aber ja«, sagte das alte Weib, »das eine und andere. Mit sechzig ist man bereits zehn Jahre seines Wissens überdrüssig.«

Daraufhin kehrte Dame Musset auf dem Weg zurück, den sie gekommen war, und widerrief *en route* ihren Auftrag, daß die Glocken geläutet werden sollten.

Deze Tod – Wehe Wehe Wehe

31 Tage hat der

DEZEMBER

In diesem kalten und kühlen Dezember, dem Monat des Jahres, wo der Gottesbeweis starb, starb die Hl. Musset, der Erdenbeweis, denn sie war auf dem Liebespfad, auf dem sie so lange gediehen war, schütter geworden und hatte sich entwurzelt. Und sie fand ihren Tod auch nicht mit Hilfe irgendeiner fremden Krankheit, sondern als eine, die in gewichtigem Auftrag unterwegs war und vom Botschafter abberufen wurde.

Sie hatte geblüht nach dem Bedürfnis des Lebenssafts, und als der Saft des Bedürfnisses im Jahre des Herrn 19— solch leichten Fluß fand, was blieb da für sie noch zu tun? Aber wenn ihr Leben auch abgeschlossen sei, so habe sie doch noch allerhand Transaktionen bezüglich ihres Endes vor sich, so sagte sie, flach auf dem Rücken liegend, und ihr tüchtiger Zinken von einer Nase hatte unterdessen noch päpstlichere Ausmaße angenommen. »Ich habe irgendwo gehört, daß es soviele Beerdigungen und so verschiedene geben soll, wie es Geburten gibt, ja noch darüber hinaus, denn ein Baby kann auf zwei Weisen geboren werden, Kopf voran oder Fuß voran, doch ein Leichnam kann im Ganzen hinabgehen oder Stück für Stück, seitwärts oder längsseits oder Schienbein am Kinn. Da ist das Kleinstadtbegräbnis und das Staatsbegräbnis und das Erntebegräbnis und das Frostbegräbnis. Da gibt es das Knochenbrechen und Einsargen, wie sie es im Gangesbezirk verstehen, und es gibt das aufrechte und das in Rückenlage und von Kopf bis Fuß, gibt es das Urnenbegräbnis oder die Feuerbestattung, da ist der fleischfressende Stein, der Sarkophag, da ist das Einbalsamieren und Strecken der Eingeweide, da ist das Wehklagen und das Lachen, da sind die, die in Schützengräben begraben liegen, und die in Grabkammern und die auf den Hügeln und die im Tal, die durch flaches Graben und die durch tiefes Graben Beerdigten. Manchen folgt man zu Fuß und manchen in Kutschen, und manchen folgt man nur im Geiste, und manchen folgt man überhaupt nicht; manche kriegen ein christliches und manche ein heidnisches Ritual, und manche werden in Kirchen für eine Stunde verschluckt, und andere werden mit Wein und Gesang begleitet und mit den Blättern vom Tage bedeckt, während der Esel auf dem Marktplatz iaaht und das Geräusch der Weinpresse sich anhört wie der Erguß eines ersten Mädchenkummers.

Nun hinterlasse ich denen, die folgen sollen, oder ich mißdeute meine Meisterschaft in diesen reifen Tagen meines Lebens (da sie reichliche neunundneunzig Jahre erreicht hatte), viele Trauernde von vielen Nationen und Temperamenten, und da sie mich im Leben auf verschiedenartige Weise liebten, so möchte ich auch, daß sie für mich im Tode verschiedenartige Pläne fassen. Denkt euch also soviele Rituale der Bestattung und des Endes, des Verbrennens und Knochenbrechens aus, wie es unschuldigerweise nur geben kann, nur«, sagte sie mit jener mäßigenden Logik, die sie zu jeder Stunde ihres Lebens als bedeutende Politikerin hatte handeln lassen, »plant unter dem Gesichtspunkt der Vielfalt, denn wie wollt ihr, wenn ihr mich zuerst verbrennt, mich zum späteren Zusammenschrumpfen erhalten, und wie, wenn ihr mich in den Ozean werft, könnt ihr mich ebenfalls der Erde anheimgeben? Nein, ihr müßt euch der Sache mit Vorbedacht und ohne Eifersüchtelei annehmen, so daß ich nicht allzu lange in jenem Zustand verweile, der, wenn man ihn der Natur überläßt, höchst unziemlich ist, wie viele ihrer groben Tricks. Sorgt also für einen Rat und plant weidlich und bringt eine so gute Sache zustande, wie weiblicher Scharfsinn sie nur ersinnen kann.«

So geschah es also, daß es, als sie zum Sterben kam, viele gab, die waren so augelaugt vom Wehklagen und manche so übersättigt von Vergänglichkeit und andere so verschroben im Kopfe, daß volle achtundvierzig Stunden ein Gezänke zu hören war, während sie behaglich dalag, so als verspürte sie an ihnen ein wenig vom Brauch alter Tage.

Zuerst rasierten sich vierzig Frauen die Köpfe (alle, bis auf Señorita Fly-About, die für keine Frau, tot oder lebendig, ihrem Liebreiz verändernd zu nahe träte) und trugen sie in einem monströsen Katafalk durch die Stadt, und dann gingen diese vierzig Frauen in der Dunkelheit der katholischen Kirche in vierzig Höhenabstufungen in die Knie, und dann wurde sie auf viele Tage in einer Grabkammer versiegelt, und die Frauen zwitscherten um die Grabkammer herum wie die Vögel unmittelbar vor einem Unwetter; und dann trugen sie sie zum Kreuzweg, und an jeder Kreuzesstation wurde die Totenbahre abgesetzt. Und ein Vogel kam und krähte im Vorüberfliegen erbärmlich, obwohl gerade in dem Augenblick ein Haferkorn in die Finsternis seines Kropfs hinabgestiegen war, und ein wenig später an einer anderen Kreuzesstation kam ein Hase, und indem er auf dem Sargdeckel stand, schlug er, entsprechend seiner Gewohnheit des Hinterlauftrommelns, dreimal dagegen, und noch weiter kam eine Bergziege des Wegs und warf ihren Bart hoch und wehklagte bitterlich zwischen der ebenmäßigen Zahnreihe hindurch, die doch nur das einwärts wandernde Gras kannte und kein Wort darüber, und ein wenig später (da gingen viele Forken hin und her, denn der Frühling im Gras hatte viele Herden nach allen Himmelsrichtungen gehen sehen, und da die Liebe für eine Saison eine kommune Grasspeise abgab, was war das für ein Gemuhe und Iaahen, und Huf und Ferse stampften, um Bericht zu geben) kam eine Nachteule und setzte sich am einen Ende auf eine prächtige schwarze Troddel und sagte, oder jedenfalls behaupten die Dorfbewohner das: »Ach! Gott!«, als sei das ihr dringendstes Herzensbedürfnis, und noch später kam ein Erdwesen, das bis zum heutigen Tag nicht indentifiziert ist, aus der Erde empor und stand am Rand, und immer noch halbblind und lidlos, schüttelte es seinen Pelz von der Kehle bis zum Schwanz in einer einzigen langen Wellenbewegung des Unglücks und stieg wieder hinab. Und nun kam ein Bär, der noch so blutjung war, daß er sich vorwärtsrobbte, und hob die Gottesgabe seiner Schnauze und sagte: »Baaaah!« Und so kam es, daß sie weitereilten und sie in die Erde eines Dörfchens legten und sie danach in einer großen Stadt niedersenkten, und manche beerdigten sie flach und manche tief, und Frauen, die ihren Gatten nicht alles erzählt hatten, schlossen sich ihnen an. Und da gab es nach unten gekehrte, verschleierte Gesichter und nackte emporgewandte Gesichter, und manche wehklagten seitwärts und manche vorwärts und manche verschränkten die Hände ineinander, und andere trugen sie

einzeln. Und sie gruben ihr viele Gräber, und viele Sprüche und viel Poesie wurden für sie ersonnen, und am Ende legten sie sie auf einen großen Scheiterhaufen und verbrannten sie bis ins Innerste und wärmten ihr die Urne mit den Händen vor wie ein rechter Weinsüffler sein Weinglas. Und als sie dann vor der Asche standen, die von ihr übrigblieb, war alles verbrannt bis auf die Zunge, und die flammte und wollte keine Asche dulden und spielte über die Handvoll hinweg, die wirklich sie gewesen war. Und als man das mitansah, entstanden eine gewaltige Unruhe und das Geräusch von hastig gerafften Röcken und das Klappern von vielen laufenden Füßen, doch Señorita Fly-About war als erste an jener Urne, und Glückseligkeit spielte und flackerte über ihr Gesicht, und unter ihren Röcken drang langsam ein Rauch hervor, obwohl nichts brannte, und die Trauernden kläfften begierig um sie herum, und die ganze Nacht hindurch, so wurde verbreitet, habe das Gekläff angehalten, wie das klagende Bellen von Jagdhunden in den Hügeln, wenn auch bei Morgengrauen kein Ton zu hören war, und als der Tag kam, sah man die etlichen hundert Frauen im Gebet gebeugt. Und noch ein bißchen später hoben sie die Asche und das Feuer in ihrer Urne hoch hinauf in ihrer Mitte und setzten sie auf den Altar im Liebestempel. Dort züngelt sie angeblich bis zum heutigen Tage,
und man kann immer noch die Zeilen
unterhalb ihrer Henkel entziffern:
»Oh ihr Kleingläubigen«.

MESSE

Hier bin ich nun, sagt Ach! Mir zum Geschenk und Weh! / Doch zur Messe, eh ich geh / Baut mir den Fasan auf / Kerzen sieben / Salz zur Neige / Wenn ich steige / Meiner Wege / Hat es keine Treppen / Sprossen Stege

Nachwort

Natalie Clifford Barney,
Die Amazone
Portrait von Romaine Brooks, 1920

LADIES ALMANACK

WRITTEN AND ILLUSTRATED BY

A

LADY OF FASHION

(Printed for private circulation)

Ten copies on Vergé de Vidalon, coloured and signed by the author, parchment cover . . . . 1 000 Fr.
Forty copies on Rives, hand-coloured . . . 500 Fr.
One thousand on Alfa . . . . 60 Fr.

SOLD BY EDWARD W. TITUS

at the sign of the Black Manikin

4, RUE DELAMBRE

PARIS

Die Ankündigung des ›Almanack‹

Ich folge keiner Mode, und ich will auch nicht, daß man meiner folgt.
NATALIE CLIFFORD BARNEY

Natalie Clifford Barney gehört zu den wenigen Personen, die man gesehen haben sollte, wenn man Zeit hat.
ANDRÉ GIDE

Als im Jahre 1928 ein anonymer Privatdruck mit dem Titel ›Ladies Almanack – verfaßt und illustriert von einer Lady of Fashion‹ in den Bohème-Kreisen von Paris Furore machte, sprach sich schnell herum, daß Djuna Barnes die Autorin war und welche Ladies sie in ihrem Almanach persiflierte: den legendären Freitags-Kreis um die Amerikanerin Natalie Clifford Barney.

Gedruckt hatte den Almanach Monsieur Darantière in Dijon, dem Sylvia Beach, die Inhaberin der amerikanischen Buchhandlung in Paris, ›Shakespeare and Company‹, einige Jahre zuvor den ›Ulysses‹ von James Joyce anvertraut hatte. Die Auflage des ›Ladies Almanack‹ betrug 1050 Exemplare – was die weit verbreitete Ansicht widerlegt, der Almanach sei als reiner Insider-Spaß gedacht gewesen –, von denen Djuna Barnes eigenhändig fünfzig Exemplare kolorierte und zehn signierte. Verlegt wurde das Buch von Robert McAlmon, der wie viele andere Intellektuelle und Literaten aus dem New Yorker Greenwich Village nach Paris gezogen war und mit seinem Verlag Contact Press ebenso wie die Autorin nicht namentlich in Erscheinung treten wollte. Betreut wurde diese erste Ausgabe des Almanachs von dem Journalisten und Verleger William (»Bill«) Bird, der für den Satz verantwortlich war und auch die Preiskalkulation besorgt hatte. Aus den Briefen von Djuna Barnes geht hervor, daß sie den Druck zum größten Teil selber bezahlte und daß es außerdem Subskribenten gab, bevor das Buch in Druck ging.

In New York verkaufte Djuna Barnes den Almanach persönlich, wenn sie als Journalistin und regelmäßige Kolumnistin großer New Yorker Tageszeitungen dort zu tun hatte. In Paris war der Almanach bei Edward W. Titus in der Rue Delambre zu erwerben, verkauft wurde er

Das ›Café Dôme‹ um 1925

außerdem von Hand zu Hand im Café Dôme und in den Häusern der adeligen Freundinnen Natalie Barneys sowie in deren Salon – im Vorwort von Djuna Barnes aus dem Jahre 1972 als »Faubourg« und »Temple« apostrophiert.

1928 war NATALIE CLIFFORD BARNEY, das Vorbild für die Heldin des Buches, zweiundfünfzig Jahre alt und eine der bekanntesten und einflußreichsten Figuren der Pariser Gesellschaft und literarischen Szene. Natalie Clifford Barney, die sich gleichermaßen als Freundin der Männer und Geliebte der Frauen gefiel, hatte eine europäische Erziehung genossen und war, nachdem sie ein Millionenvermögen geerbt hatte, um die Jahrhundertwende aus den USA nach Paris übergesiedelt. Rémy de Gourmont, Begründer des renommierten literarischen Magazins ›Mercure de France‹ und einer der angesehensten Literaten im Paris der Vorkriegszeit, wurde durch die Begegnung mit Natalie Barney geradezu beflügelt. Er widmete ihr im ›Mercure‹ vierzehntägig seine

Das Gartenhaus in der Rue Jacob 20

Natalie Barney vor dem ›Tempel der Freundschaft‹

›Briefe an eine Amazone‹. Natalie Barney, bis circa 1910 in der aristokratischen Pariser Gesellschaft nicht ganz salonfähig, wurde durch diese Ehrung fast über Nacht anerkannt. Seither führte sie in ihrer Villa in der Rue Jacob ein offenes Haus, in dem sich alles traf, was Rang und Namen hatte. Dort fanden jeden Freitagnachmittag jene legendären Treffen statt, bei denen sich französischer Adel, französische Künstler sowie die amerikanische und europäische Avantgarde begegnen konnten, wo Lesungen gehalten wurden, aber gleichzeitig auch homosexuelle Männer und Frauen Gelegenheit hatten, Gleichgesinnte kennenzulernen. Natalie Barney besaß das ungewöhnliche Talent, sich ebenso in der Welt Prousts wie in der der Lost Generation zu bewegen. Ihr Salon war eine Institution, und die Liste ihrer Besucher ist beeindruckend: André Gide, Marcel Proust, Anatole France, Guillaume Appollinaire, Paul Valéry, Jean Cocteau, Paul Claudel, Auguste Rodin, Henri Barbusse, Ceslaw Milosz, Louis Aragon, Rainer Maria Rilke, Gabriele D'Annunzio, James Joyce, Ezra Pound, T.S. Eliot, Ford Maddox Ford, Ernest Hemingway, F. Scott Fitzgerald, Colette, Greta Garbo, Truman Capote und viele andere waren ihre Gäste.

Paul Valéry

Colette

T. S. Eliot

Ezra Pound

Der amerikanische Verleger Samuel Putnam erinnert sich: »Dort fand ich eine Szenerie vor, die mich unmittelbar an das erinnerte, was ich in meiner Jugend über Madame de Staël und Miss Barneys andere illustre Vorgängerinnen gelesen hatte. Da war die Würde, der Witz, die erhabene Ungezwungenheit – alles, außer den gepuderten Perücken, die, so stellte ich es mir vor, die Salons früherer Zeiten charakterisierten. Frankreichs führende Männer des Wortes, Akademiker, Mitglieder von Instituten, Sorbonne-Professoren, schöne Damen sowie eine oder zwei merkwürdige Gräfinnen waren anwesend, wobei die Gastgeberin für alle Erschienenen eine unaufdringliche Rolle spielte, obgleich es offensichtlich war, daß die ›Amazone‹ das Zentrum war, worum sich alles drehte. Man hatte das Gefühl, daß dies in keinster Weise nur auf ihre lange Verbindung mit de Gourmont zurückzuführen war, sondern eher auf das Konto des Charmes ihrer eigenen Persönlichkeit, ihrer wachen Intelligenz, ihres schlagfertigen und manchmal beißenden Witzes, ihrer Herzlichkeit und Güte.«

Andererseits gab es aber auch erfrischend-respektlose Urteile wie das von Truman Capote, der nach dem Zweiten Weltkrieg den Salon Natalie Barneys als Kreuzung zwischen Gebetshaus und Puff beschrieb und die Saloninhaberin als Agatha-Christie-Miss-Marple-Verschnitt, der er ihre sagenumwobenen »Tausend Affären« nicht recht glauben konnte. Hier allerdings irrte der Dichter, denn Natalie Barney war

André Gide

Silvia Beach und James Joyce
bei ›Shakespeare and Company‹

zeitlebens eine notorische Schürzenjägerin, die ihre polygamen Bedürfnisse radikal auslebte und ihre letzte große Liebe im Alter von siebenundsiebzig Jahren begann.

Natalie war bis in ihre Sechziger Jahre ehrgeizig genug, nicht nur Europäerinnen und Amerikanerinnen zu erobern, sondern verfügte auch über reiche Erfahrungen mit fernöstlichen Schönheiten. Mit dieser ›Virilität‹ hatten Salonbesucher beiderlei Geschlechts manchmal Probleme. Die amerikanische Fotografin und Man Ray-Schülerin Berenice Abbott, von Natalie Barneys markigen Sprüchen – »Männer gefallen mir vom Hals aufwärts, Frauen dagegen vom Hals abwärts« – redlich abgestoßen, mied den Salon, und Sylvia Beach wußte von einer Dame, die mit einem Schreiben von Natalie Barney zu ihr kam, zu berichten: »Sie sah überanstrengt aus und zischte mir ins Ohr: ›Haben Sie sonst noch etwas über diese unglückseligen Geschöpfe?«

Der amerikanische Dichter William Carlos Williams erinnerte sich, »daß Frauen aller Schattierungen«, die man bei Barney antraf, gelegentlich Vertreter des starken Geschlechts zu ungewöhnlichen Gefühlsausbrüchen hinrissen. »Es wird die Geschichte von einem Mitglied der Abgeordnetenkammer erzählt, einem großen, rotgesichtigen Kerl, der dort nach einem offiziellen Gesellschaftsempfang erschien. Zu seinem Ärger sah er sich von Frauen umgeben, die ihn fröhlich umtanzten, während er verlassen in der Mitte des Tanzbodens stand. Daraufhin knöpfte er seine Hose auf, nahm sein Gerät heraus, schwenkte es nach rechts und links und schrie wutentbrannt: ›Ihr habt wohl noch nie so einen gesehen?‹«

In ihren mittleren Jahren war Natalie Barney keineswegs eine bemerkenswerte Schönheit, wozu ihre Vorliebe für Süßspeisen beigetragen haben mag. Doch blieb sie Ästhetin, wählte nur ausgesprochen wohlgestaltete feminine Freundinnen und fand maskulin auftretende Lesbierinnen absurd und lächerlich. »Miss Barney war keine kämpferische Amazone, sondern im Gegenteil eine reizende Frau und immer ganz in Weiß«, schrieb Sylvia Beach. Wenn man bei ihr Damen mit hohen Krägen und Monokel antraf, dann nur, wenn diese über das Renommee der Schriftstellerin Radclyffe Hall und ihrer Freundin Lady Una Troubridge verfügten.

Freilich war auch Natalie Barney keineswegs vor geschmacklichen Entgleisungen gefeit. So plante sie zu Zeiten der Liaison mit der englischen Dichterin Renée Vivien, inspiriert durch eine gemeinsame Reise nach Lesbos, dort die alte sapphische Tradition wiederaufleben zu lassen und eine Schule für junge, entfaltungsbedürftige Talente zu gründen. Die Liebesgedichte aus der Feder Natalie Barneys hielten dem Vergleich mit dem Idol Sappho ohnehin nicht stand; man lese nur das Widmungsgedicht an ihre langjährige Lebensgefährtin, die Malerin Romaine Brooks, das Natalie Barney ihren ›Souvenirs indiscrets‹ voranstellte:

Romaine, Künstlerin von einsam eigener Art
Dank unsrer Freundschaft ist Vergang'nes
Gegenwart.
Flamme, die mich verzehrt und
dann zum Licht mir ward.

Daneben nehmen sich ihre an Oscar Wilde erinnernden Aphorismen wohltuend unromantisch aus: »Es gibt keine reine Liebe. Es gibt nur die reine Eigenliebe. Und rein ist die Liebe auch nicht.«

Natalie Barney inspirierte zwar bemerkenswert viele Schriftsteller ihrer Zeit zu den unterschiedlichsten Portraits, so etwa Colette, Rémy de Gourmont, Liane de Pourgy, Lucie Delarue-Mardrus und Margaret Radclyffe Hall –, das brillanteste und ambivalenteste dieser Portraits

In Natalie Barneys Garten: Die Schule der Sappho, nachgestellt

schrieb jedoch Djuna Barnes, die Natalie Clifford Barney als Dame Evangeline Musset in ihrem ›Ladies Almanach‹ zur Heiligen und Päpstin von Lesbos stilisiert; in deren weiblichen Sektenmitgliedern konnten sich die Besucherinnen des Salons der Zwanziger Jahre – trotz skurrilster fiktiver Namen – unschwer wiedererkennen.

Seit sich Djuna Barnes und Natalie Barney 1924 kennengelernt hatten, war auch Djuna Barnes regelmäßiger Gast im Salon und gehörte zu den meistgeschätzten Protégés Natalie Barneys. Diese übernahm in den Zwanziger Jahren für Djuna Barnes die Rolle der Mäzenin und nutzte ihre einflußreichen Beziehungen und Kontakte, um Kurzgeschichten, Gedichte und Theaterstücke ihrer Freundin in Literaturmagazinen und Verlagen unterzubringen. Außerdem verhalf sie ihr gelegentlich zu interessanten Interviewpartnern. Gleichzeitig hatte Natalie Barney ein offenes Ohr und Verständnis für Djuna Barnes' komplizierte

Djuna Barnes und Natalie Barney

»grande passion« zu der flatterhaften, faszinierenden Bildhauerin Thelma Wood. Für die verschlossene Djuna Barnes, die im November 1924 an Natalie Barney schrieb: »Ich habe ungefähr drei Freunde in den Staaten, niemanden in England und ein paar Bekannte in Paris«, wurde Natalie Barney zu einer großzügigen und zuverlässigen Freundin, und zugleich zu einer wichtigen Vertrauensperson während der Zwanziger Jahre. Vor diesem Hintergrund ist der Almanach nicht nur ein satirisches Portrait, sondern auch eine Danksagung und gleichzeitig ein verspäteter Hieb gegen Marcel Proust, dessen Bemerkungen über »verliebte Ladies« im ersten Band der ›Recherche‹ sie in einem Brief an Natalie Clifford Barney als »die gemeinste und dümmste Szene in der Literatur« bezeichnete.

Obwohl der Lebensstil der beiden Frauen – schon aufgrund ihrer unterschiedlichen finanziellen Hintergründe – wenig Gemeinsamkeit

Natalie Barney als Mädchen ...

… als Kind …

… als junge Dame …

… im Sommer 1899 …

... und 1900 ...

Die »Sappho von Washington«

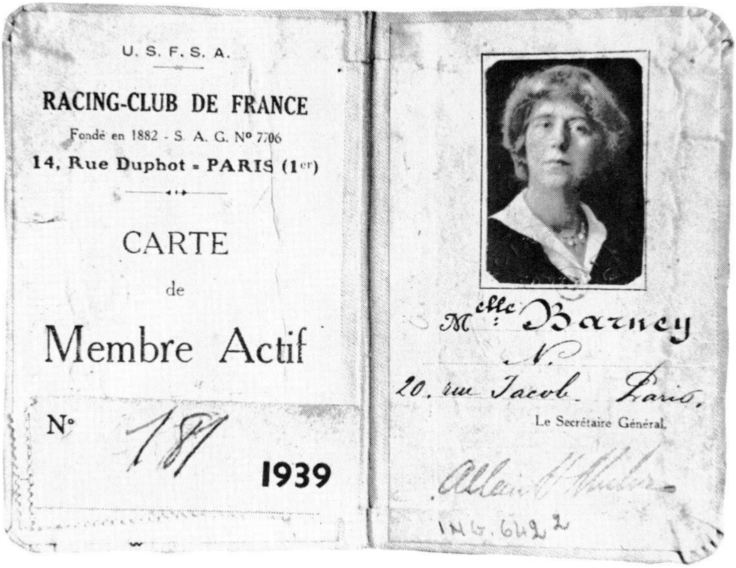

aufwies, fühlte sich Djuna Barnes der sechzehn Jahre älteren Natalie Barney sehr nah. Djuna Barnes, die es literarisch eher zu den »Alten« zog und die gern mit ihrem »viktorianischen Herzen« kokettierte, war von der aristokratischen Mentalität Natalie Barneys angezogen. Natalie Barney besaß die Radikalität und Souveränität einer modeunabhängigen Pionierin, die ihre private Utopie zu verwirklichen suchte, und Djuna Barnes faszinierte die Kombination von Belle-Epoque-Lebensart, Bildung, Reichtum und amerikanischem Pragmatismus, die Natalie Barney vor übertriebenem Missionierungsgehabe bewahrten.

In den Dreißiger Jahren veränderte sich Djuna Barnes zunehmend. Aus der lebenshungrigen, schlagfertigen, brillanten Partygängerin wurde eine mißtrauische Frau, die nur noch für ihre schriftstellerische Arbeit lebte und den wenigsten alten Freunden vertraute. Sie war häufig im Ausland, lebte drei Jahre in Tanger, mehrere Jahre in London und mußte immer wieder nach New York.

Natalie Barney 1926 …

Mitte der Dreißiger Jahre war sie gezwungen, ihre Eigentumswohnung in Paris, die sie 1927 auf dem Höhepunkt ihrer Karriere erworben hatte und die sie sehr liebte, unter Preis zu verkaufen. Gleichzeitig mußte sie sich damit abfinden, daß ihre Beziehung zu Thelma Wood endgültig gescheitert war. Zwei weitere Liebesbeziehungen, u. a. zu dem zwanzig Jahre jüngeren amerikanischen Schriftsteller Charles Henri Ford, erwiesen sich als Illusion (»Ja, ich bin wieder verliebt, diesmal in jemanden, der *gut* ist! Ich scheine erwachsen zu werden!«) und trugen dazu bei, daß sie ihr Leben als gescheitert betrachtete und empfindlich auf ihre Umwelt reagierte.

Natalie Barney, an deren Optimismus sich nichts geändert hatte, mag die strahlende Djuna Barnes der Zwanziger Jahre vorgezogen haben und der »Katastrophenverliebtheit« der mutlos gewordenen Freundin reserviert begegnet sein.

Während Natalie Barney die Kriegszeit in ungestörter Idylle mit ihrer Lebensgefährtin Romaine Brooks in einer Villa in den Bergen bei Florenz gut versorgt überleben konnte (und sich offensichtlich als zeitweilige Mussolini-Verehrerin auch ideologisch in Italien aufgehoben fühlte), war Djuna Barnes 1939, nervlich und körperlich am Ende, gezwungen, in das verhaßte New York zurückzukehren. Während Natalie Barney auch in der Zeit des Zweiten Weltkrieges ihre alten Freundinnen aus den Zwanziger und Dreißiger Jahren mit Briefen, Geschenken und Hilfsdiensten versorgte, brach sie den Kontakt zu Djuna Barnes ab und ließ einen Brief von 1948 unbeantwortet. (Djuna Barnes 1949 an Berthe Cleyrergue, die langjährige Haushälterin Natalie Barneys, die sie ihr im Jahre 1927 empfohlen hatte und mit der Djuna Barnes bis zu ihrem Tod in Briefkontakt stand: »Liebe Berthe, so schön, von Ihnen einen Brief zu bekommen, wenn auch mein Französisch gräßlich ist und ich möglicherweise nur die Hälfte verstanden habe. Ich habe gehofft, diesen Sommer nach Paris zu kommen, aber damit ist's jetzt aus. Ich bewarb mich um ein Stipendium, wurde aber abgelehnt. Es tut mir so leid, zu erfahren, daß es ihrem Mann nicht gut ging, bin aber froh, daß es Ihnen gut geht ... Miss Barney beantwortet meinen Brief nicht, den ich ihr vor langer Zeit schrieb. Deshalb keine Mitteilung an sie, da sie offensichtlich keinen Wert darauf legt ...«)

... und 1939

Im Zuge des nostalgischen Interesses an der Lost Generation fand auch Natalie Barney in den sechziger Jahren neue Beachtung und Berühmtheit, während Djuna Barnes mehr oder weniger vergessen und verarmt in New York lebte. Zu der Zeit begann auf Initiative Natalie Barneys eine neue Korrespondenz, die anfänglich reserviert war, dann jedoch in fast alter Herzlichkeit geführt wurde. Erst 1969, als Natalie Barney aufgrund ihres hohen Alters nicht mehr in der Lage war, selber zu schreiben, endete der Briefwechsel.

Obwohl Natalie Barney nie den Ehrgeiz gehabt hatte, literarisch Karriere zu machen, war sie trotzdem nicht abgeneigt gewesen, die Ergebnisse ihrer »Schubladenaufräumungsaktionen« als Gedicht-, Prosa-, und Aphorismenbände veröffentlicht zu sehen. Während sich die junge Djuna Barnes bei ihren englischen und amerikanischen Verlegern für die Veröffentlichung von Barney-Texten stark gemacht hatte, ging im Alter ihre zunehmende Reserviertheit gegenüber der Person Natalie Barneys auch mit einer wachsenden Verachtung für die Produkte der Freizeitdichterin einher. Als ich 1980 anläßlich meines

Natalie Barney, etwa 1970

Djuna Barnes, 1971

Besuchs bei Djuna Barnes ihr den Katalog des Buchladens von Sylvia Beach zeigte und sie Natalie Clifford Barney neben sich wiederfand, reagierte sie spontan: »What's she doing in here?« Djuna Barnes war nicht zuletzt schockiert, daß ihre alte Freundin, mit der sie in den Zwanziger Jahren eine elitäre Öffentlichkeitsfeindlichkeit verbunden hatte, jetzt so schnell bereit war, sich von mittelmäßigen Magazinen feiern zu lassen. 1963 schrieb sie ihr, nicht ohne moralisierenden Unterton: »Zumindest in England hielten die meisten Schriftsteller, gemäß einer anständigen Konzeption von Person und Öffentlichkeit, die Jagd nach Publicity für einen vulgären Brauch. Und nun? Jeder hat irgendeinen Public-Relation-Agenten, der sein oder ihr Horn bläst.«

Djuna Barnes, die sich einer solchen ›anständigen Konzeption‹ verpflichtet fühlte, wartete bis 1972, dem Todesjahr Natalie Clifford Barneys, mit einer Veröffentlichung des Almanachs unter ihrem Namen.

Natalie Barney, der es nicht gelungen war, im Alter das Vertrauen wiederzugewinnen, das Djuna Barnes ihr in den Zwanziger Jahren entgegengebracht hatte, besaß sonst die ungewöhnliche Gabe, ihre früheren Liebschaften in herzliche beständige Freundschaften umzuwandeln. So war sie den meisten der Frauen die Djuna Barnes im Almanach im Gefolge ›Evangelines‹ auftauchen läßt, bis ins hohe Alter freundschaftlich verbunden.

Lucie Delarue-Mardrus (vorn) und
Germaine de Castro

LUCIE DELARUE-MARDRUS (›Masie Tuck-and-Frill‹) war eine der ältesten Freundinnen Natalie Barneys. Ihre Liaison begann 1912, als Lucie noch mit dem Arzt und Übersetzer von ›Tausend und eine Nacht‹, Dr. Joseph-Charles-Victor Mardrus verheiratet war. Mardrus, der mit der Affäre seiner Frau zunächst keine Probleme hatte, trug zu Beginn Natalie sogar an, ihr ein Kind zu machen, um seine dichtende Frau zu schonen. Natalie, die nie das Bedürfnis hatte, die Vorzüge des anderen Geschlechts kennenzulernen, lehnte dankend ab. Nach der Scheidung des Ehepaares kühlte die Freundschaft mit Mardrus, der seine Toleranz offensichtlich überschätzt hatte, ab.

Natalie verdankte Lucie die Wohnung in der Rue Jacob und die Bekanntschaft mit Paul Valéry und André Gide.

Als Natalie während des Ersten Weltkrieges einen Frauenkongress für den Frieden einberief, war Lucie eines der engagiertesten Mitglieder. Sie betätigte sich außerdem als Sanitätshelferin, sehr zu Belustigung Natalie Barneys, die von militärischen Heldentaten, auch karitativer Art, nicht das mindeste hielt. Die »Marinehelferinnen«, von denen im ›Ladies Almanach‹ mit leicht spöttelndem Ton die Rede ist, dürften sich auf diese Episode in Lucies Leben beziehen. Sie war auch Mitglied der ›Académie des Femmes‹, die ihre Freundin als eine Art Gegenpol zur ausschließlich mit Männern besetzten ›Académie Francaise‹ in den Zwanziger Jahren ins Leben rief. Als Lucie 1945 starb, veröffentlichte Natalie Barney posthum einen Band mit Gedichten ihrer alten Freundin, die diese ihr 1914 geschenkt hatte. Wie schon erwähnt, gehörte Lucie auch zu den Autoren, die Natalie literarisch verewigten. Ihr Roman, dessen Hauptfigur Natalie Barney ist, erschien 1930 unter dem Titel: ›L'Ange et les Perverses‹ (Der Engel und die Perversen). Djuna Barnes hat Lucie alias ›Masie‹ eine der schönsten philosophischen Passagen des Almanachs in den Mund gelegt.

Ein weiteres Mitglied der Frauenakademie war die Herzogin ELISABETH (›Lily‹) DE GRAMONT, Gräfin Clermont-Tonnerre (›Duchess Clitoressa of Natescourt‹), die Natalie Barney durch das Ehepaar Mardrus kennengelernt hatte und die mehrere Jahre lang ihre Geliebte war.

1875 als Tochter des Herzogs von Gramont und der Prinzessin von Beauvon-Craon geboren, zählte sie eine Mätresse Heinrichs IV., die schöne Corisande, und den berühmten Dandy Graf D'Orsay zu ihren Ahnen. Ihre Großmutter war eine Freundin der Kaiserin Sissy von Österreich. Als Einundzwanzigjährige heiratete Lily den Grafen Philibert von Clermont-Tonnerre, mit dem sie zwei Töchter hatte. Nach sechsundzwanzigjähriger Ehe, offensichtlich ›angeregt‹ durch Natalie Barney, ließ sie sich von ihm scheiden. Sie hinterließ vier Bände

Elisabeth de Gramont-Tonnere
Portrait von Romaine Brooks

Memoiren, in denen sie sich kritisch mit der französischen Aristokratie auseinandersetzte.

Lily de Clermont-Tonnerre hatte einen rosigen Teint und blaugrüne Augen und bediente sich wegen ihrer Kurzsichtigkeit eines Monokels. Wie Natalie Barney liebte sie weiße Kleider und war neugierig auf Menschen unterschiedlichster Couleur. Der Kreis um die Herzogin galt als Gipfel der Elite. Sie schätzte große Feste, mit nicht selten über zweihundert Gästen, darunter Marcel Proust und seine Romanfigur Charlus (i. e. Graf Robert d'Montesquiou), Anatole France und Arthur Honegger.

Natalie Barney war von der adligen Faubourg-Tradition und Lilys sozialer Courage fasziniert. Sie sah in ihr »das Beste Frankreichs« verkörpert und liebte Frankreich in ihr – so der Barney-Biograph Georges Wickes. Als Elisabeth de Clermont-Tonnerre zeitweise mit dem Marxismus kokettierte, war die konservative Natalie souverän genug, ihrer geliebten »roten Herzogin« solche Entgleisungen nicht anzulasten und konterte: »Die Liebe ist der einzige Kommunismus, an den *ich* glaube.« Als Lily 1954 starb, war Natalie Barney 78 Jahre alt und weinte zum ersten Mal in ihrem Leben in aller Öffentlichkeit.

Elisabeth de Clermont-Tonnerre und die amerikanische Malerin und Millionärin ROMAINE BROOKS (›Cynic Sal‹) waren Natalies größte Lieben. Im Gegensatz zu Lily war Romaine unversöhnlich und schwierig im Umgang. Sie war ungesellig, lehnte die meisten Freunde Natalies rigoros ab und legte Wert darauf, räumlich von Natalie getrennt zu leben und vom Barney-Kreis unabhängig zu sein.

Romaine fiel es schwer, die Affären, auf die Natalie nicht verzichten konnte und wollte, zu tolerieren, so daß Natalie oft ihren ganzen Charme einsetzen mußte, um die bedrohte Beziehung zu retten. Obwohl sich die beiden Freundinnen in einem Grab beerdigen lassen wollten, brach Romaine, nachdem sie sich in ihren letzten Jahren mehr und mehr in exzentrische Isolation zurückgezogen hatte, zwei Jahre vor ihrem Tod nach dreiundfünfzig Jahren der Freundschaft 1967 jeden

Romaine Brooks

Romaine Brooks und Natalie Barney, 1936

Kontakt zu Natalie ab, weil sie deren letzte große Affäre mit einer fast dreißig Jahren jüngeren Frau nicht akzeptieren konnte.

Natalie und Romaine lernten sich um 1915 in Paris kennen, als beide vierzig Jahre alt waren und Romaine bereits einen Namen als Malerin hatte. Sie portraitierte D'Annunzio (mit dem sie eine Liaison verbunden hatte), die Pianistin Ida Rubinstein und Jean Cocteau und malte in den Zwanziger Jahren einige Frauen aus dem Barney-Kreis, u. a. ihre Rivalin Lily de Clermont-Tonnerre, – die konnte die kritische und oft zynische Romaine am ehesten respektieren, da die Herzogin ihrer Leidenschaft zu Natalie mit aristokratischer Diskretion nachging.

Romaine Brooks ist eine bis heute unterschätzte Künstlerin. Laut ihrer Biographin Meryl Secrest hielt man ihre anachronistische Malweise, die sich von allen Modeströmungen der Zeit fernhielt, ungerechtfertigterweise für ein Relikt des fin de siècle. Da Romaine Brooks es sich aber im Gegensatz zu Djuna Barnes leisten konnte, nur zum Spaß zu malen und häufig sogar einen Konflikt mit ihren Auftraggebern in Kauf nahm, um deren Portraits nicht aus der Hand geben zu müssen, konnte zu ihren Lebzeiten nicht einmal so etwas wie ein ›Marktwert‹

ihrer Bilder entstehen, geschweige denn eine angemessene Beurteilung.

Appollinaire schrieb nach der erfolgreichen ersten Ausstellung von Romaine Brooks 1910 in Paris: »Diese Malerin malt mit Entschlossenheit und Trauer, ja mit wirklich allzuviel Traurigkeit.«

In vielen ihrer Bilder findet sich aber auch eine feine Ironie und Distanz dem Sujet gegenüber. Das beste Beispiel hierfür ist ihr Portrait von Lady Una Troubridge (von der noch die Rede sein wird), das die anfängliche Freundschaft zwischen den beiden Paaren Radclyffe Hall-Troubridge und Barney-Brooks merklich abkühlen ließ, da die Engländerinnen mit der Darstellung der Lady nicht einverstanden waren. In einem Brief an Natalie sagte Romaine über diese Arbeit: »Una ist lustig zu malen. Ihr Aufzug ist bemerkenswert. Sie wird vielleicht (über)leben und zukünftige Generationen zum Lachen bringen.«

Romaine war eine in jeder Beziehung mimosenhaft empfindliche Frau. In ihrer Kleidung, ihrer Wohnung und ihren Bildern dominierten Schwarz, Weiß und Grau. Djuna Barnes gehörte zu den Opfern ihres launischen Umgangs mit Menschen. Als sie ihr 1924 einen herzlichen Brief schrieb und ihr das Gedicht ›Love and the Beast‹ mit Widmung übersandte, erhielt sie nicht einmal eine Antwort.

Bei den Frauen der Rue Jacob – vor allem bei denen der jüngeren Generation – war Romaine Brooks nicht besonders populär.

Eine weitere exzentrische Freundin Natalie Barneys aus der älteren Generation war die deutschstämmige Baronin ILSE DESLANDES (›Dear Old Countess‹), mit der sie 1914 Tangounterricht nahm. Wenn es zu einem Streit zwischen den beiden Frauen kam, – was aufgrund des Jähzorns der Deutschen gelegentlich geschah – pflegte die Baronin die wüstesten Beschimpfungen auf Deutsch auszustoßen – immerhin während des Ersten Weltkrieges. Ilse Baronin Deslandes war zweimal verheiratet und Mutter, behauptete aber gern: »Ein Kind? Ich weiß gar nicht, wie man das macht.«

Gertrude Stein

Die Freundschaft GERTRUDE STEINS (›Low-Heel‹) und ihrer Lebensgefährtin ALICE B. TOKLAS (›High-Head‹) mit Natalie Clifford Barney begann erst 1926, obwohl die drei Amerikanerinnen schon dreiundzwanzig Jahre und länger in Paris ansässig waren. Der Kreis um Gertrude Stein und Alice B. Toklas überschnitt sich zum Teil mit dem um Natalie Barney, aber ihre Welt war die der Bohemiens vom Montparnasse, während die Welt Natalie Barneys die des Faubourg St.

Alice B. Toklas und Gertrude Stein
in ihrem ›Pavillon‹ in der Rue Fleurus

Germain und der Subkultur war, von der Gertrude Stein sich aufgrund ihrer extremen Angst vor einer Enttarnung ihrer Leidenschaft zu Alice B. Toklas fernhalten mußte.

Mit der Zeit überzeugten Natalie Barneys tadellose Manieren, ihr Charme sowie die Verlockung, in ihrem Salon Lesungen halten zu können, die skeptische Stein. Schließlich trafen sich die Paare sogar in den Ferien, und Romaine Brooks trug sich mit dem Gedanken, Gertrude Stein zu malen. Von dieser Absicht nahm sie jedoch schnell Abstand, als Gertrude sie eines Tages mit einer Kurzhaarfrisur überraschte.

Gertrude Stein war von grenzenlosem Selbstbewußtsein und vertrat nicht nur im engeren Kreis die These, neben Spinoza und Christus das dritte Genie zu sein, das die Juden hervorgebracht hätten. Sie war davon überzeugt, daß außer ihr – und »vielleicht ein wenig Henry James« – seit Shakespeare niemand etwas für die englische Sprache getan hätte. Joyce hielt sie für den »Unverständlichen, den jeder versteht«, und die Inhalte des ›Ulysses‹ (vor allem die Bordellszenen) fand sie so widerwärtig, daß sie ihre Mitgliedschaft in Sylvia Beachs Buchclub aufkündigte, weil diese den ›Ulysses‹ verlegt hatte.

Robert McAlmon schrieb in seinen Erinnerungen: »Gertrude in ihrer kindlichen Eitelkeit und Gier nach Lob, glaubte allen ›Weichzeichnern‹ und Schmeichlern und, man ahnt es, glaubt ihnen immer noch ... Miss Stein ist ein gutes Beispiel für das reiche, verwöhnte und beschützte Kind, das nie in die Verlegenheit kam, wirklich materielle Not zu leiden.«

Die Rollenverteilung im Hause Stein-Toklas, das groteske optische Erscheinungsbild der beiden Damen – Gertrude Stein war klein und dick, trug zu allen Jahreszeiten Sandalen, rauchte gern Zigarren und bevorzugte einen Herrenhaarschnitt, Alice B. Toklas, groß, schlank und dunkelhaarig, trug wegen einer Schwellung auf der Stirn ständig eine Ponyfrisur – und das großspurige Auftreten Steins, das in krassem Gegensatz zu ihrem ängstlich gehüteten ›Geheimnis‹ stand, machten die beiden zum Gespött der Frauen um Natalie Barney.

Im Almanach tauchen Gertrude Stein und Alice B. Toklas als Pat und Patachon-Figuren auf. Stein – die bei Gesprächen mit Künstlerkollegen rigoros deren Ehefrauen als Gesprächspartnerinnen ignorierte – mit chauvinistischen Äußerungen und Alice B. Toklas – der die Aufgabe zukam, die Ehefrauen der Gesprächspartner von Gertrude Stein fernzuhalten – als glühende Feministin.

1927 war Natalie Barney in die attraktive italienische Baronin MARIA (›Mimi‹) FRANCHETTI (›Señorita Fly-About‹) – eine Müßiggängerin, die ihre Langeweile durch immer neue Eroberungen zu bekämpfen versuchte – unglücklich verliebt. Djuna Barnes tröstete Natalie in einem Brief von 1927 zunächst mit der Bemerkung: »Und was Mimi angeht: Sie ist sterblich!«, schrieb aber drei Monate später der immer noch leidenden Natalie, daß Mimi in guter Verfassung zu sein schiene; dies sei ihr von Mina Loy berichtet worden, die Mimi in Begleitung einer Frau, die sänge (Barnes fügte in Klammern hinzu: »Welche Frau tut das nicht?«), in der Parnasse-Bar angetroffen hätte. Sie beschloß ihre nicht sehr einfühlsamen Enthüllungen mit dem Vermerk: »Sie war Deiner nicht würdig.«

Mimi Franchetti

ESTHER MURPHY (›Bounding Bess‹), war mit John Strachey und in zweiter Ehe mit Chester Arthur verheiratet, was sie aber nicht davon abhielt, ohne Aussicht auf Erfolg, jahrzehntelang für Natalie entflammt zu bleiben. Sie ernährte sich zumindest in den Zwanziger Jahren fast ausschließlich von Champagner und fühlte sich frei genug, es dem renommierten amerikanischen Fotografen Carl van Vechten gleichzutun und ihre Blase auf Natalies Sofa zu erleichtern. Allgemein galt sie als fahrig und unstet, und auch in ihrer näheren Umgebung glaubte niemand so recht an ihr literarisches Talent. Im Dezember 1928 schrieb Djuna Barnes aus New York: »Esther Murphy scheint sich wohl sehr gut zu amüsieren und beabsichtigt, nach Deutschland zu fahren. Nach meinem Dafürhalten fährt Esther aber nirgendwohin, wenn sie weiterhin so nervös ist.« Im Februar 1929 konnte Djuna Barnes dann mitteilen, daß Esther für den März endlich ein Schiff nach Europa gebucht habe.

Romaine Brooks berichtete 1934 ihrer Freundin Natalie aus New York von einer Party bei Chester und Esther Murphy: »Alle waren ziemlich betrunken und Esther redete ununterbrochen von Jefferson und der Verfassung und über Dich. Aber ich schließe daraus, daß sie immer noch wahnsinnig in Dich verliebt ist.«

Die Amerikanerin ELISABETH EYRE DE LANUX (›Daisy Downpour‹) war achtzehn Jahre alt, als sie mit ihrem französischen Ehemann Pierre de Lanux ein Appartement im dritten Stock des Vorhauses von Natalie Barneys Villa in der Rue Jacob Nr. 20 bezog. Fasziniert beobachtete sie von ihrem Fenster monatelang das Kommen und Gehen des Salons. 1922, anläßlich einer Lesung von James Joyce in Adrienne Monniers Buchladen, wurde sie von Natalie Barney angesprochen und zu den »riskanten Freitagen« (so Paul Valéry) eingeladen. Daraus entstand eine siebenjährige Freundschaft. Die Jungschriftstellerin wurde von Natalie Barney protégiert und von Romaine Brooks als barbusige Alpenjägerin allegorisch verewigt.

Ihre Erinnerungen an Natalie Barney und deren Salon sind eher betrüblich. Sie beschreibt die Salonatmosphäre als »ziemlich bösartig und nicht wirklich herzlich«. Als Nachwuchsschriftstellerin litt sie darunter, daß sie neben den Größen Djuna Barnes, T. S. Eliot, Hemingway, Janet Flanner, Raymond Duncan und Lady Rothermere nicht als Gleiche unter Gleichen angesehen wurde. Sie erinnerte sich 1973, in den Zwanziger Jahren fünfmal Gertrude Stein vorgestellt worden zu sein, ohne daß diese sich einmal genötigt gesehen hätte, sich an sie zu erinnern. Für sie blieb die Erinnerung an den Salon bedrückend: »Warum erinnere ich die Freitage immer als graugrün und düster, als ob es immer einen leichten Schauer gegeben hätte? ... Ich erinnere mich an keine Sorge oder irgendein helles Licht, noch an irgendwelche lauten oder disharmonischen Klänge. Alles schien gedämpft zu sein.«

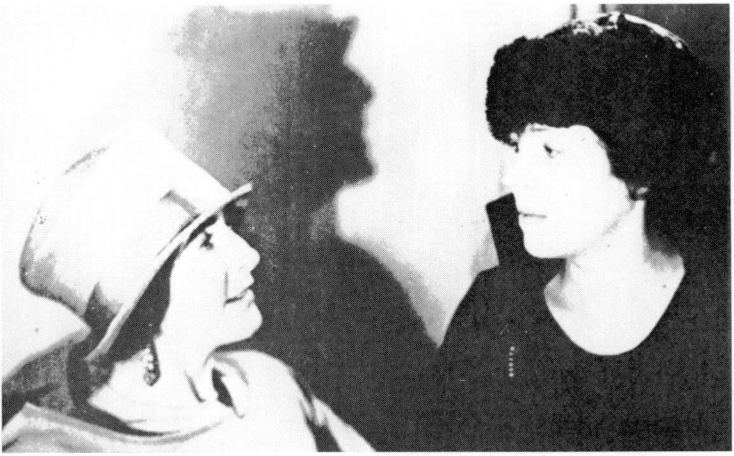

Mina Loy und Djuna Barnes

In den zwanziger Jahren war die Dichterin und Kunstgewerblerin MINA LOY (›Patience Scalpel‹) neben Natalie Barney eine der engsten Vertrauten von Djuna Barnes. Ab 1927 wohnte sie mit ihr im gleichen Haus im 6. Arrondissement in der Nähe der Rue du Cherche-Midi. Robert McAlmon brachte von ihr einen kleinen Band mit Titel ›Lunar Baedekker‹ heraus. Außerdem gestaltete sie abstrakte Kunst und Design. Sie

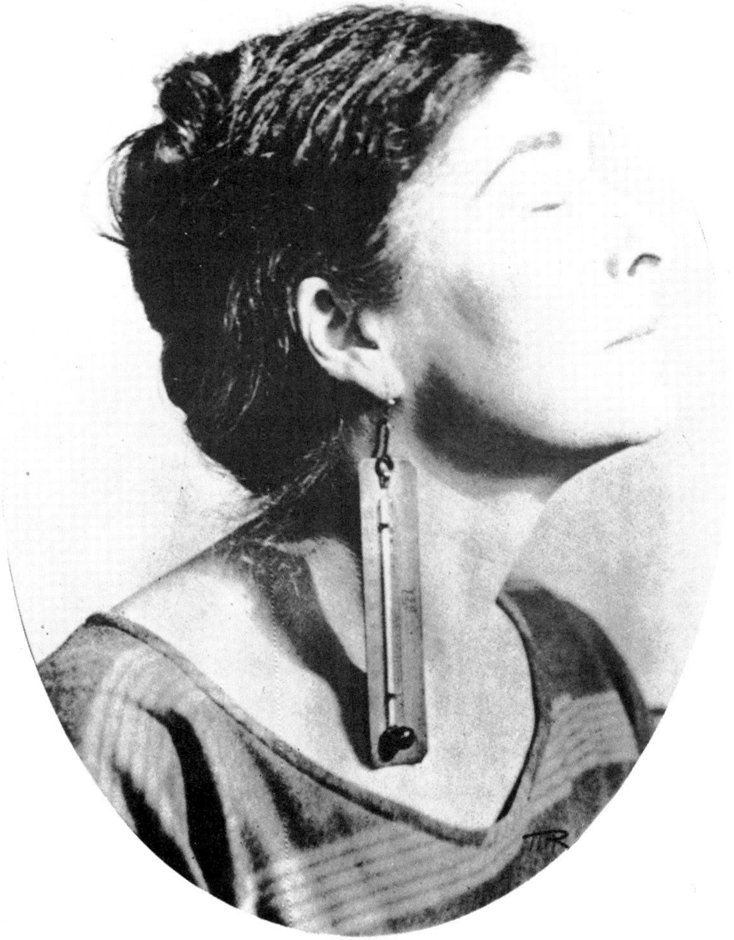

Mina Loy, 1918

erfand sogenannte ›calla-lily Lichter‹, durchforstete Antiquitätenläden nach mittelalterlichen Gemälden und Stichen für ihre Lampen und eröffnete einen Laden, mit dem sie einigen kommerziellen Erfolg hatte. Sie patentierte viele ihrer Designs und beschäftigte zeitweilig ein Dutzend Angestellte. Djuna Barnes schrieb 1927 an Natalie Barney: »Mina hat gerade einen Auftrag erhalten, mehrere tausend Lampenschirme zu liefern. Sie bemüht sich, dem nachzukommen!«

Mina Loy lebte von ihrem Mann getrennt und hatte zwei Töchter, die ihre legendäre Schönheit geerbt hatten. McAlmon machte ihr in seinen Erinnerungen das Kompliment, eine der witzigsten und schönsten Frauen jener Zeit gewesen zu sein und bezeichnete sie als eine »brillante Rednerin, mit ihren zerebralen Hirngespinsten.« Sie war die einzige aus Natalie Barneys Kreis, die nicht davon zu überzeugen war, daß Frauenliebe erstrebenswert sei.

Djuna Barnes bevorzugte Mina Loy als Begleiterin bei den Treffen im Salon, nachdem ihre Freundin Thelma Wood dort Hausverbot bekommen hatte.

Die ehemaligen Suffragetten JANET FLANNER und SOLITA SOLANO (die Schwestern ›Nip‹ und ›Tuck‹), kamen 1921 nach Paris, »um alles über Kunst zu lernen und unseren ersten Roman zu schreiben«. Neunzehn Jahre später verließen sie bei Kriegsausbruch Paris und lebten nach 1945 in Europa und den USA bis zu ihrem Tod zusammen.

Janet Flanner, die eine auffällige Nase und einen ausgeprägten Mund hatte und für sich in Anspruch nahm, »eines Tages wie Voltaire auszusehen«, arbeitete sechzig Jahre lang als Journalistin und war eine selbstsichere und talentierte Karrierefrau, laut Noel Riley Fitch »vielleicht Amerikas hervorragendste Journalistin in Europa.« Sie begann im September 1925 unter dem Künstlernamen Genêt vierzehntägig für das im gleichen Jahr gegründete Magazin ›The New Yorker‹ ihre berühmten ›Letters from Paris‹ zu schreiben, die dort vierzig Jahre lang erschienen, nur unterbrochen durch die Kriegsjahre. Außerdem veröffentlichte sie in ›Vanity Fair‹ und ›Harper's Bazaar‹ Essays. Sie schrieb den (erfolglosen) Roman ›The Cubical City‹, eine Sammlung New Yorker Profile,

Janet Flanner

Solita Solano

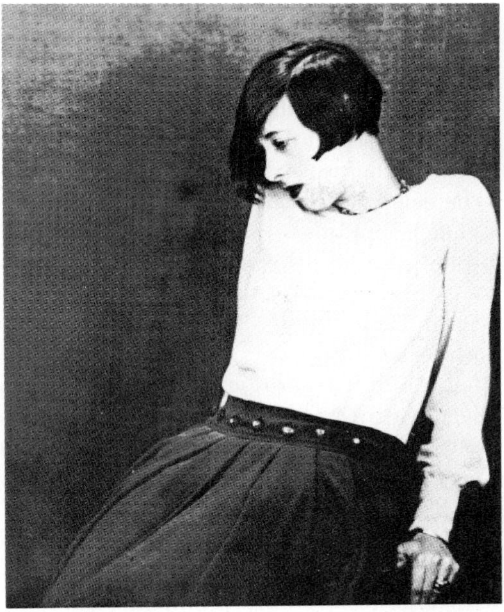

›An American in Paris‹, ein Portrait über ›Pétain. The Old Man of France‹, sowie Kunstmonographien, ›Men And Monuments‹. Sie übersetzte auch aus dem Französischen, u.a. zwei Bücher von Colette. Ausgezeichnet mit der ›Legion of Honour‹, erhielt sie 1958 vom Smith-College einen Ehrendoktortitel und wurde außerdem für ihr ›Pariser Journal 1944-1965‹ mit dem National Book Award ausgezeichnet.

Solita Solano hatte kurzes, dunkles Haar, intensive blaue Augen und arbeitete, nachdem sie Schauspielerin gewesen war, als Theaterkritikerin und Journalistin. Sie veröffentlichte auch einige Kurzgeschichten.

Noel Riley Fitch beschreibt Flanner und Solano als »unabhängige Frauen, Suffragetten von 1917«, die mit Hemingway – dessen Spanienleidenschaft sie teilten –, aber auch vor allem mit Frauen wie der Herausgeberin der ›Little Review‹, Margret Anderson, Nancy Cunard und Djuna Barnes eng verbunden waren.

Die Schriftstellerin Kathryn Hulme (›The Nun's Story‹) beschrieb ihre erste Begegnung mit Flanner, Solano und Barnes, die sie im ›Café de Flore‹ in einer Reihe sitzend wie die drei Schicksalsgöttinnen vorfand: »Jede von ihnen in schwarzem, maßgefertigtem Kostüm, weißem Satinhalstuch und weißen Handschuhen, und jede von ihnen mit einem Martini vor sich auf dem Marmortisch«.

In einem Gespräch mit dem Barney-Biographen George Wickes meinte Janet Flanner später, sie habe das Gefühl, weder Natalie Clifford Barney noch ihre engeren Freunde gut gekannt zu haben – mit Ausnahme von Eyre de Lanux, Dolly Wilde und Djuna Barnes. Sie hielt Natalie Barney weder für eine außerordentliche Literaturkritikerin noch für eine besonders belesene Frau, wenn sie ihr auch zugestand, ein großartiges Französisch zu sprechen. Natalie Barney ihrerseits, die schon in den Zwanziger Jahren zu Djuna Barnes über Janet Flanner geäußert hatte: »Glänzend wie ein Knopf, aber wer will schon einen Knopf«, fragte in den Sechziger Jahren brieflich bei Djuna Barnes an: »Janet kommt sich wichtig vor – ist sie wer?«

Janet Flanner und Solita Solano korrespondierten bis zu ihrem Tod Mitte und Ende der Siebziger Jahre mit Djuna Barnes und unterstützten sie gelegentlich mit kleinen Zuwendungen. Dennoch blieb eine gewisse Fremdheit, da Janet Flanner wenig übrig hatte für die viktorianische »Schwäche« und die »überlegene Art« von Djuna Barnes. In ihren Erinnerungen sagte Flanner zwar: »Djuna Barnes war die wichtigste Schriftstellerin, die wir in Paris hatten. Sie war groß, sehr attraktiv, hatte eine markante Stimme und war eine bemerkenswerte Erzählerin, voll mit Erinnerungen an ihre New Yorker Washington-Square-Zeiten und ihre exzentrische Kindheit irgendwo am oberen Hudson. (...) Ich verehrte Djuna sehr, und sie war mir, auf ihre überlegene Art, auch sehr zugetan.« Als sie jedoch das Versdrama ›Antiphon‹, das bereits T. S. Eliot zu schwierig erschienen war, mit dem gleichen Problem an die Autorin zurückgab, hätte diese ihr das einzige Kompliment gemacht, das sie je von ihr erhalten hätte: »Ich wußte nicht, daß Du so dämlich bist wie Tom Eliot!«

Janet Flanner ist neben Natalie Barney die einzige, die sich öffentlich zu ihrer Rolle im ›Ladies Almanach‹ bekannte.

Dorothy (›Dolly‹) Wilde (›Doll‹ oder ›Dolly Furious‹), die Nichte von Oscar Wilde deren Vater Willie zu den Besuchern des Londoner Salons von Djuna Barnes' Großmutter Zadel gehörte, kam während des Ersten Weltkrieges als Zwanzigjährige nach Paris und lernte 1924 Natalie Barney kennen. Daß sie neben Romaine Brooks und der Herzogin Lily de Gramont die dritte große Liebe in Natalie Barneys Leben wurde, hängt nicht nur mit ihrer ungewöhnlichen Ausstrahlung zusammen, sondern sicher auch damit, daß Natalie Barney, die sich keinem Schriftsteller so seelenverwandt fühlte wie Oscar Wilde, vom Klang ihres Namens ebenso magnetisch angezogen wurde wie vom alten amerikanischen Geldadel und der feinsten europäischen Aristokratie. In Natalie Barneys Damensammlung kam Dolly Wilde ein bevorzugter Platz zu. Ihr gegenüber war die ansonsten in Liebesdingen eher nüchterne Natalie sogar zu ungewöhnlichem Entgegenkommen bereit. Sie tolerierte Eskapaden, die sie anderen Freundinnen nicht verziehen hätte, bezahlte Dollys zahlreiche Krankenhausaufenthalte und Entziehungskuren und schickte nach den Selbstmordversuchen der Freundin jedesmal die treue Haushälterin Berthe Cleyrergue, die dann Tag und Nacht am Krankenbett wachte.

Natalie Barney, die Wert darauf legte, allein zu schlafen und nie über längere Zeit Gäste in ihrem Haus beherbergte, stellte Dolly trotzdem mehrere Monate ihr Gästezimmer zur Verfügung. Die Liaison nahm sie zeitweilig so in Anspruch, daß Romaine Brooks Dolly in einem Brief als Ratte bezeichnete, die an den Grundfesten ihrer Freundschaft nage, und sie verlangte von Natalie, sich von Dolly zu trennen.

»Natalie Barney bewunderte an Dolly Wilde ihre Art, sich an allem zu vergnügen und ihre Fähigkeit, wie ihr Onkel Oscar Menschen zu unterhalten. Dolly ist Meisterin im Improvisieren von Festen, und sie ist die Spaßmacherin der kleinen Gesellschaft, die sich jeden Sommer in Beauvallon einfindet«, schreibt Jean Chalon, der französische Biograph Natalie Barneys. Dolly nannte sich gern ›Oscaria‹ und pflegte in Anspielung auf ihren berühmten Onkel zu sagen: »Ich bin ein besserer Oscar als er selber«.

Sie war literarisch begabt, in der Konversation brillant, übersetzte aus dem Französischen und war enorm belesen. Sehr zu Djuna Barnes'

Dolly Wilde

Freude war Dolly Wilde eine ihrer eifrigsten Leserinnen. Im ›Ladies Almanach‹ macht ›Dolly Furious‹ eine Anspielung auf den 1928 erschienenen Roman ›Ryder‹ von Djuna Barnes, indem sie auf die drei großen Augenblicke der Geschichte, die in ›Ryder‹ nachzulesen sind, verweist.

Die unterhaltsame Dolly war hinter ihrer fröhlichen und kosmopolitischen Fassade tief unglücklich und selbstzerstörerisch. Sie sehnte sich danach, selbst zu schreiben, war aber nie imstande, etwas zu Papier zu bringen, das auch nur annähernd dem entsprach, was sie fühlte.

1941 starb sie in London an Krebs, nachdem schon in den Dreißiger Jahren die körperlichen Folgen ihrer Drogensucht offensichtlich geworden waren. Die englische Psychiaterin Charlotte Wolff, bei der Dolly 1930 wegen ihrer Depressionen in Behandlung war, schreibt: »Sie war zu diesem Zeitpunkt sehr krank, aber so schön, daß sie förmlich strahlte. Ich werde nie vergessen, wie sie vor dem Kamin stand. Ich habe in meinem Leben Hunderte von Frauen getroffen, aber diese Frau wird mir unvergeßlich bleiben.«

1939 beschrieb Djuna Barnes, die sich selber nervlich und körperlich in einer Krise befand, die Kehrseite der »strahlenden« Dolly: »Ich bekam Dolly an den Apparat. Sie war unverschämt wie gewöhnlich, so daß ich davon ausgehe, daß es ihr besser geht.«

Wie im Falle von Lucie Delarue-Mardrus veröffentlichte Natalie Barney 1951 in einem Privatdruck von zwanzig Exemplaren eine ›Hommage‹: ›In Memory of Dorothy Ierne Wilde, »Oscaria«‹, in der Freunde Dollys wie Victor Cunard, Janet Flanner, Elisabeth de Gramont, Bettina Bergery und Natalie Clifford Barney zu Wort kommen und Briefe Dollys an Natalie Barney abgedruckt sind.

Die ›Sister‹ im ›Ladies Almanach‹ ist LAURA DREYFUS BARNEY, die drei Jahre jüngere und treu ergebene Schwester der Amazone. Laura Barney hatte – wie ihre Mutter – nichts gegen die ›Besonderheiten‹ ihrer Schwester, deren sapphische Sonette sie bereits in den Washingtoner Jugendjahren auf Galafesten rezitierte. Natalie hingegen scheint ihrer Schwester nicht besonders zugetan gewesen zu sein.

Laura Dreyfus Barney und Natalie Barney

Es entbehrt nicht einer gewissen Komik, daß die große Frauenliebhaberin ausgerechnet mit dieser ungeliebten Schwester – von der sie sich nach eigenem Bekenntnis »angeödet« fühlte – und nicht, wie ursprünglich gewünscht, mit Romaine Brooks auf dem Pariser Friedhof Passy ein Grab teilen muß.

Lady Una Troubridge und Margaret Radclyffe Hall

Die beiden Engländerinnen MARGARET RADCLYFFE HALL (›plain Tilly Tweed-in-Blood‹) und ihre Lebensgefährtin LADY UNA TROUBRIDGE (›Lady Buck-and-Balk‹), waren die einzigen Salonbesucherinnen, die nach heutigen Maßstäben als militant zu bezeichnen wären. Sie wurden von Natalie Barney trotzdem hofiert, weil sie das Prestige des Salons durch ihre Anwesenheit steigerten, obwohl sie wegen ihrer Ansichten

und ihrer äußeren Erscheinung auch für den Barney-Kreis eine Provokation waren. »Miss Radclyffe Hall war eine merkwürdige, wenn auch beeindruckend aussehende Frau, kleinwüchsig, mit einem unverhältnismäßig großen, aber hübsch geschnittenen Kopf. Ihre Hände und Füße, sowie die edlen Saphire, die sie trug, waren ebenso groß ... Sie trug vorzügliche, maßgeschneiderte englische Anzüge, enganliegend am Busen und an den Schultern. In ihren maßgeschneiderten Sachen war sie in der Tat eine große Dame«, schrieb Janet Flanner. Radclyffe Hall und Una Troubridge waren der Ansicht, daß, könnten invertierte Paare nur vor dem Altar zusammengeführt werden, all deren Probleme ein Ende finden würden. Ihre Vorliebe für männliche Kleidung machte sie zu dankbaren Opfern der öffentlichen Belustigung. Theaterbesuche mußten sie bisweilen schon vor Beginn der Vorstellung abbrechen, weil das Publikum sie für ihren Geschmack zu sehr fixierte.

1928 erschien Radclyffe Halls aufsehenerregender Roman ›Quell der Einsamkeit‹, in dem sie die Lebens- und Leidensgeschichte der Engländerin Stephen Gordons erzählt, die sich selbst als Gottes größten Irrtum betrachtet und deren Leidenschaft für Frauen infolgedessen böse enden muß. Radclyffe Hall sorgte mit ihrem Bekenntniszwang für den liberalen Applaus, den sie hervorrufen wollte, entfachte aber gleichzeitig *den* gesellschaftlichen Skandal des Jahres 1928.

Die Autorenschaft des ›Quell der Einsamkeit‹ verschaffte Radclyffe Hall außer empörten und denunziatorischen Pressemitteilungen (»perverse Dekadenz«) auch den ambivalenten Genuß, als Sensation mit ihrer Lady in den liberalen Salons von Paris und London Einkehr halten zu dürfen. Es gab wahrscheinlich niemanden in Natalie Barneys Kreis, der Radclyffe Halls tragisches Epos für besonders innovativ hielt. Trotzdem war Natalie Barney, die als Modell für die Pariser Salonbesitzerin ›Valérie Seymour‹ galt, natürlich die erste – so Noel Riley Fitch –, die »eine große Gruppe zum Tee und den obligatorischen Gurkensandwiches und zu einer Begegnung mit Miss Hall und Lady Troubridge lud. Vor der Party schickte sie jemanden zum Buchladen von Sylvia Beach, um das Buch von Radclyffe Hall zu holen, aber Sylvia Beach

Lady Una Troubridge
Portrait von Romaine Brooks, 1924

Djuna Barnes

mußte ihr mitteilen, daß alle Exemplare schon kurz nach dem Eintreffen ausverkauft waren.

Zeitweilig wurden für die französische Ausgabe des Romans, der in England und den USA verboten war, 6000 Francs bezahlt. Als Radclyffe Hall 1943 starb, war der Roman in elf Sprachen übersetzt und eine Million mal verkauft worden, während Bill Bird noch in den Sechziger Jahren in seiner Mühle in Tanger circa fünfhundert Exemplare des ›Ladies Almanack‹ hütete.

1966 schrieb Djuna Barnes an Natalie Barney: »Es läßt sich nicht leugnen, daß wir alle von der Lost Generation, bei nochmaliger Überlegung, eine höchst ungewöhnliche und außerordentliche Zeit hatten. Ich denke an uns alle mit Erstaunen und antiker Belustigung, unsere Polemiken für und gegen Freiheit und Liebe ..., wie weit entfernt von unserer Gegenwart diese Welt ist.«

Für Djuna Barnes hatten die karikierenden, persiflierenden Aspekte ihres ›Ladies Almanach‹ vierzig Jahre nach der ersten Veröffentlichung an Berechtigung nur gewonnen. Angesichts der neueren Gegenwart sah sie die Diskussionen der Zwanziger Jahre eher nostalgisch. Und bis heute ist die »stolze, abweisende und elitäre« Haltung, so Wolfgang Hildesheimer in seinem Nachwort zu ›Nachtgewächs‹, in der Djuna Barnes lebte und schrieb, nicht wirklich anerkannt.

Der ›Ladies Almanach‹ ist das intelligenteste und radikalste sogenannte ›Frauenbuch‹ des zwanzigsten Jahrhunderts, bis heute, das in seiner Boshaftigkeit und Zärtlichkeit, seinem Witz, seiner Melancholie und hintergründigen Blasphemie jener »Sehnsucht auf dem Irrweg« (so Djuna Barnes) ihre schönsten Namen gibt.

Wie T. S. Eliot vor fast fünfzig Jahren in seinem Vorwort zu ›Nachtgewächs‹ möchte ich auch hier »den Leser auf große Stilvollendung vorbereitet haben, auf Schönheit des Ausdrucks, Brillanz und Geist in der Charakterisierung«, doch dabei weniger den Akzent gesetzt wissen auf »den Geschmack von Grauen und Untergang, der elisabethanischen Tragödie sehr nahe verwandt«, als auf herrlich unterhaltsame Dinge, die, wenn man genau hinsieht, neben aller Eleganz, auch wohltuend unanständig sind.

Brigitte Siebrasse

BILDNACHWEIS

Seite 98, 100 rechts, 115: Archiv Roger Viollet, Paris. Seite 100 links oben, 130, 131, 140: aus Hank O'Neal, *Berenice Abbott. An American Photographer*. Mc Graw-Hill, New York 1982. Seite 100 Mitte: Coll. Mme Simon André-Maurois. Seite 101 links, 122, 128: aus *Man Ray Photographe*. Philippe Sers Editeurs, Paris 1981. Seite 104, 106, 107, 108, 110, 113, 117, 119: Coll. Mme. Berthe Cleyrergue. Seite 109, 111, 114 links: aus Jean Chalon, *Portrait d'une séductrice*. Editions Stock, Paris 1976. Seite 114 rechts: Jack Manning.

Der Verlag dankt Mme. Berthe Cleyrergue, der Bibliothèque Doucet (Mme. Nicole Prévot), Nicola-Maria Bückmann und Brigitte Siebrasse für ihre freundliche Hilfe bei der Beschaffung zahlreicher Abbildungen.

»Diese Publikation war lange überfällig«.
Frankfurter Allgemeine Zeitung

Sylvia Plath
Die Bibel der Träume

Erzählungen, Prosa aus den Tagebüchern

»Nichts fällt mir wohl schwerer im Leben, als zu akzeptieren, daß ich nicht auf irgendeine Weise 'vollkommen bin', sondern auf verschiedenen Gebieten nur um Ausdruck ringe: im Leben (mit Menschen, und auf der Welt überhaupt), und im Schreiben.«
Die wahnsinnige Spannung und die latente Bedrohung, unter der das kurze Leben der Sylvia Plath, einer der wichtigsten Schriftstellerinnen dieses Jahrhunderts, stand, ist auch in ihrem erzählerischen Werk stets spürbar.
Die »Bibel der Träume« enthält Erzählungen aus den Jahren 1958 bis 1963 – Geschichten ihres Lebens in Devon/England, ihrer Arbeit am Massachusetts General Hospital, Erinnerungen an ihre frühe Kindheit im Haus der Großeltern, Skizzen der Enge und Borniertheit der englischen Provinz.

Band 9515

Die fünfzehn Erzählungen und Tagebuchauszüge dieses Bandes variieren in poetisch eindringlicher Weise Grundmotive von Sylvia Plath: Traum, Angst und Tod, und was sie, wie sie schrieb, wohl am meisten fürchtete, den Tod der Phantasie.

Fischer Taschenbuch Verlag

fi 1004/1